MW01706647

100 attività Montessori

dai 18 mesi

Grazie a Benoît, Liv ed Emy
e a Elpida, Isaure, Luca Otis, e alle loro mamme

Altri libri sulla pedagogia Montessori pubblicati da L'ippocampo:

Cofanetto Le mie lettere Montessori, 26 carte smerigliate da toccare per preparare il bambino a leggere e scrivere, Marie-Hélène Place, 2016

Cofanetto I miei numeri Montessori, 10 carte smerigliate da toccare e 9 carte-puzzle per imparare a contare, Ève Herrmann, 2016

Le mie attività Montessori – Un quaderno per arricchire il lessico e scoprire la natura e il mondo, Ève Herrmann, 2016

Il mio quaderno Montessori – esercizi manuali, numeri, lettere e suoni, forme, natura..., Marie Kirchner, 2016

60 attività Montessori per il mio bebè – preparare il suo universo, stimolarlo e aiutarlo a fare da solo, Marie-Hélène Place, 2016

100 attività Montessori per scoprire il mondo- dai 3 ai 6 anni, Ève Herrmann, 2016

Cofanetto le mie immagini Montessori, 150 carte a tema per arricchire il vocabolario del bambino e prepararlo alla lettura, Ève Herrmann, 2016

Il mio cofanetto Montessori degli animali, 57 carte classificate per scoprire gli animali e i continenti, Ève Herrmann, 2016

Il mio alfabeto mobile Montessori, 160 lettere per formare le mie prime parole, Ève Herrmann, 2016

© 2013, Éditions Nathan, Sejer

Titolo originale: *100 activité d'éveil Montessori*

© 2016, L'ippocampo edizioni, Milano, per l'edizione italiana

Traduzione dal francese di Vera Verdiani
Rilettura di Isabella Micheletti, educatrice montessoriana

www.ippocampoedizioni.it

ISBN: 978-88-6722-227-8

Stampato in Francia

MISTO
Carta da fonti gestite in maniera responsabile
FSC www.fsc.org
FSC® C022030

100 attività Montessori

dai 18 mesi

Per accompagnare il bambino nella scoperta del mondo

testi e fotografie
Ève Herrmann

L'ippocampo Ragazzi

sommario

La vita sensoriale

Il lavoro della mano

Il linguaggio

Attività manuali e creative

La motricità globale

La natura

A Liv ed Emy, le mie due stelle.
Senza di voi il progetto di questo libro
non sarebbe mai giunto fino a me.

ÈH

Ad attirarmi verso la pedagogia Montessori è stato il rispetto ricevuto da piccola, che ha determinato la mia personalità. Desideravo trasmettere alle mie figlie i fondamentali valori del rispetto e dell'ascolto, della fiducia in se stessi e della voglia di apprendere. E la risposta è stata Montessori.

Maria Montessori prende in considerazione l'essere nella sua totalità fin dall'inizio. Oggi sappiamo che il periodo che va dalla nascita ai tre anni pone le basi dell'intera vita, ed è questo l'aspetto meno noto dell'opera di Maria Montessori che mi ha più attirato. Ben presto ho sentito il bisogno di condividere le mie conoscenze: ho creato un blog e incontrato lettori interessati e in cerca di risposte. Questo libro ne è il naturale proseguimento. È un'altra forma di condivisione e di scoperta della pedagogia Montessori, così bella, ricca e infinitamente profonda. Una filosofia che ha molto da offrire sia ai genitori, sia ai bambini.

Ève Herrmann

Introduzione

È osservando il bambino che Maria Montessori ha capito come aiutarlo, mediante mezzi adeguati e a lui rispondenti, lungo il percorso del suo sviluppo personale.

Il bambino ci chiede di fare da solo e di rispettare il suo ritmo. La pedagogia Montessori gli risponde ponendolo al centro, senza per questo farne un « piccolo re ». Il che significa anche ripensare il ruolo dell'adulto, che dev'essere quello di un accompagnatore e di un educatore che non considera il bambino un pezzo d'argilla da modellare. Al contrario: fin dalla nascita il bambino possiede un immenso potenziale d'energia e di creatività che chiede solo di rivelarsi e che, se l'ambiente circostante è favorevole, sboccia spontaneamente, in modo naturale e gioioso.

Questo non significa affatto abbandonare il bambino a se stesso: il ruolo dei genitori e degli educatori resta comunque indispensabile.

Maria Montessori ha basato la sua pedagogia sulla profonda conoscenza, nata da una lunga osservazione, del bambino e dei suoi bisogni. Le sue grandi idee sono linee direttrici che ci permettono di capire il beneficio delle attività proposte ai bambini.

Fino ai 6 anni il bambino è caratterizzato da una grande capacità di assorbire tutto ciò che lo circonda. È la sua « **mente assorbente** » che gli permette di adattarsi all'ambiente circostante e di acquisire conoscenze senza fatica.
Maria Montessori pone anche in evidenza i **periodi sensitivi** del bambino. Sono fasi nelle quali la sua attenzione è interamente centrata su un aspetto particolare del suo sviluppo. Una volta concluso il periodo sensitivo, diventa per lui difficile acquisire quella specifica competenza.

Nel corso di questi periodi sensitivi il bambino ha un'immensa capacità di concentrazione: profondamente assorto in ciò che fa, diventa impermeabile a quanto gli accade intorno. In questi momenti d'intensa concentrazione il bambino si costruisce.
Maria Montessori osserva anche che, per farlo, il bambino ha bisogno di lavorare con le mani: le mani sono lo strumento della sua intelligenza.

Oggi la pedagogia Montessori è più viva che mai. Lavora alla costruzione dell'uomo, di un adulto autonomo e responsabile, capace di adattarsi al mondo di domani.

Come leggere e utilizzare questo libro?

Questo libro propone attività ispirate alla pedagogia Montessori da condividere con il vostro bambino, e alcuni temi centrali di questo pensiero pedagogico.
Lo scopo delle attività presentate è di alimentare il bisogno di « lavoro » del bambino. Condotte sotto la vostra benevola sorveglianza e attenta presenza, esse gli permetteranno di acquisire autonomia, indipendenza e fiducia. Si sentirà più grande, sostenuto e rispettato nel suo bisogno di fare da solo e di imparare attraverso la scoperta sensoriale e motoria.

Non abbiamo fornito indicazioni d'età: **ogni bambino ha il suo ritmo**. Ha solo bisogno di apprendere al momento giusto.
È osservando il bambino che scopriremo l'attività corrispondente ai suoi bisogni e alle sue capacità. Se sappiamo seguirlo, sarà lui stesso a guidarci.

Potete anche cominciare col leggere il libro fino in fondo per conoscerne l'intero contenuto, dopo di che vi sarà più facile scegliere le attività adatte al vostro bambino. **Ma la cosa più importante è il vostro atteggiamento**, il vostro stato d'animo, la vostra capacità di ascolto e l'amorevole fiducia con cui lo guardate: trasmettono l'amore e il rispetto che l'accompagnano nel suo lavoro.

La vita pratica

Tra i 12 e i 15 mesi appare improvvisamente un impulso vitale che spinge il bambino a riprodurre i nostri gesti. Vuole imitarci, diventare come noi. Accettiamo la sua energia e la sua volontà. Offriamogli la possibilità di lavorare al nostro fianco e diamogli l'opportunità di « fare da solo ».

*L'oggetto di questi esercizi non è il vero scopo di essi:
il bambino ubbidisce a uno stimolo interno.*

Maria Montessori, La mente del bambino

Che cos'è la vita pratica?

Quando, verso i 15 mesi, il bambino diventa pronto e capace di imitare le attività degli adulti, egli aspira solo a partecipare alla vita reale e a lavorare al nostro fianco.
I giochi smettono di interessarlo: ha bisogno di lavorare e di utilizzare le mani. Preparandogli delle brevi e semplici attività quotidiane gli daremo l'occasione di esercitarsi e di sbagliare seguendo i suoi ritmi, senza forzature.
Attraverso la « vita pratica » il bambino realizza un lavoro insieme mentale, emotivo e fisico.
Impara a essere indipendente, a concentrarsi, a controllare i muscoli e ad analizzare la sequenza logica di un'attività.

la cura di sé

Appena si sente pronto, diamo al bambino la possibilità di prendersi cura di sé: pettinarsi, lavarsi i denti, lavarsi, vestirsi da solo...
Per farlo occorre una piccola riorganizzazione dell'ambiente.
Il bambino che può prendersi cura di se stesso sarà sereno e non dovrà lottare perché il suo desiderio di autonomia venga riconosciuto dall'adulto.

1

collaborare

Per quanto riguarda le cure, siamo abituati a fornirle noi stessi al bambino. Lavarlo, vestirlo e mettergli le scarpe ci fa risparmiare tempo, ma per lui è poco gratificante. Rischia di crescere pensando: « Ho bisogno dei miei genitori », mentre noi desideriamo che i nostri figli acquistino fiducia nelle proprie capacità di prendersi cura di sé.

Nel corso di tali attività dobbiamo tener presente l'autonomia del bambino: « C'è una tappa di cui lo sto privando e che potrebbe svolgere da solo? ».

Non neghiamo il suo desiderio d'indipendenza col pretesto che ha ancora bisogno d'aiuto.

È precisamente in questa fase, ossia quando i gesti quotidiani gli riescono ancora troppo difficili, che lui manifesta il desiderio di parteciparvi.

Il successo di tali attività si basa sulla *collaborazione*: dobbiamo apprezzarla, tenerne conto e sostenere il bambino.

2

riorganizzare la casa

Perché il bambino possa svolgere in modo autonomo qualche piccola e semplice attività quale lavarsi le mani o pettinarsi, dobbiamo rivedere l'organizzazione domestica. Osserviamolo nel corso della giornata, vediamo che cosa è in grado di fare da solo senza bisogno di chiedere aiuto e modifichiamo l'ambiente in tal senso. Spesso tendiamo a sottovalutare le sue reali capacità: lasciandolo fare e osservandolo ci renderemo conto di ciò che è veramente in grado di compiere. Questi adeguamenti dell'ambiente, che per noi sono solo piccoli cambiamenti, per lui rappresenteranno un grande passo in avanti: « Ho deciso di lavarmi le mani, sono capace di fare da solo ». In questo modo il bambino compie una scelta e può agire di conseguenza.

Cresce in quanto persona responsabile e sa che i suoi genitori gli danno fiducia. Queste basi sono solide fondamenta per la sua vita d'adulto.

La prima cosa da fare è di passare in rassegna la casa e le azioni quotidiane del bambino per individuare che cosa potrebbe svolgere autonomamente, con un piccolo aiuto concreto: uno sgabello, un gancio posto alla sua altezza, un ripiano accessibile, un panno e una spugna. Individuare queste piccole riorganizzazioni dell'ambiente non equivale a stravolgerlo completamente da un giorno all'altro. Il bambino ha bisogno di routine, i cambiamenti lo destabilizzano e vanno quindi introdotti un po' alla volta, aspettando che ogni novità si inserisca in una routine quotidiana.

3

vestirsi

Fin dalla nascita possiamo descrivere al bambino ciò che stiamo per fare, in modo che possa prepararvisi. In seguito, a poco a poco, possiamo sollecitarlo e aspettare una risposta, in maniera che, appena se ne sentirà capace, possa parteciparvi anche lui. Per esempio: mettendogli le scarpe descriviamo i gesti che compiamo: « Adesso apro la scarpa, te l'infilo sul piede e tu lo spingi dentro ». È possibile che la volta successiva infili il piede da solo: l'importante non è che cooperi subito, ma che abbia l'occasione di farlo appena ne avrà voglia. Questo può accadere ben prima di quanto si creda! Di solito il bambino riesce a spogliarsi molto prima che a vestirsi, tuttavia adottare una certa routine quando gli infiliamo i vestiti – sempre nello stesso ordine e descrivendo i nostri gesti – gli sarà molto utile. In tal modo potrà partecipare non appena ne sentirà il bisogno.

Anche nell'aiutarlo a vestirsi da solo sarà bene adottare qualche accorgimento logistico: uno sgabello basso e stabile gli servirà per infilarsi i pantaloni, le mutandine e i calzini. È importante che disponga liberamente dei propri vestiti. Infine, conta molto anche la scelta dell'abbigliamento. Cerchiamo di proporgli indumenti adatti alle sue capacità del momento: un pantalone largo con l'elastico in vita, una maglia senza bottoni e delle scarpe con il velcro gli faciliteranno l'operazione.

4

mettere a posto i vestiti

Per accompagnare il bambino verso l'autonomia possiamo mettergli a disposizione i vestiti in un cassetto o su un ripiano accessibile, fissare alla sua altezza dei ganci per appenderci la giacca, e un cestino per sciarpa, guanti e berretto.

In un armadietto disponiamo i vestiti nell'ordine in cui si indossano: in alto la biancheria, i calzini e le magliette; in basso i pantaloni, le gonne e le felpe.... Il bambino troverà facilmente ciò che cerca e potrà rimettere a posto le sue cose.

Quando c'è un cassetto accessibile e il bambino può scegliere come vestirsi, è meglio non mettervi troppi vestiti. Scegliere è importante nella costruzione della volontà, ma farlo dovendo gestire grandi quantità diventa difficile.

Se il bambino è ancora troppo piccolo per decidere da solo che cosa indossare, possiamo preparargli due opzioni e lasciarlo libero di scegliere, il che spesso aiuta a risolvere i problemi d'abbigliamento!

5

i vestiti per il giorno dopo

Dopo il bagnetto serale il bambino può divertirsi a programmare l'abbigliamento del giorno seguente. Gli occorrerà una sedia (o un porta-abiti). Dopo aver scelto i vestiti, li dispone in successione: il golf sulla spalliera, la gonna sotto ecc. Possiamo guidarlo: « Dove metti i calzini? Dove metti la gonna? ». Quest'attività lo aiuta nella costruzione del suo schema corporeo. È anche un momento di collaborazione e di discussione che gli consente di arricchire il suo vocabolario: maglia, cardigan, collant, calze, camicia... Quando presentiamo tale attività è bene ripeterla per parecchi giorni in modo da introdurla nella routine quotidiana. Verso i 4 anni il bambino avrà acquisito l'abitudine di svolgerla da solo e sarà contento di prendersi cura di sé.

6

allacciare

Quando il bambino si dimostra vivamente interessato all'abbigliamento possiamo fornirgli i mezzi per impratichirsi – su un vestito disteso davanti a lui – a chiudere una cerniera lampo, ad allacciare i bottoni e ad attaccare un velcro anche al di fuori dei momenti in cui ha realmente bisogno di vestirsi. Farlo su un capo disteso su un piano è più facile e gli permette di provare con calma e con la nostra collaborazione. A poco a poco supererà sempre più tappe e riuscirà a fare da solo.

Possiamo anche realizzare dei « telai delle allacciature » come quelli delle scuole Montessori, fatti con una cornice di legno vuota e un vecchio vestito ben teso ai lati. Grazie a questo materiale il bambino potrà lavorare da solo quanto desidera, sbagliare e ricominciare senza pressioni né obblighi di riuscita, costruendo la propria autonomia.

7

lavarsi le mani

È un'attività molto importante e possiamo dargliene l'abitudine molto presto. Occorre preparare tutto l'occorrente assicurandoci che sia sempre pronto all'uso: una piccola saponetta, un asciugamano e un facile accesso al lavandino. La prima volta dedichiamo il tempo necessario a dimostrargli in modo metodico come lavarsi le mani: dito per dito, tra un dito e l'altro, il dorso e il palmo. I bambini l'adorano! Poi sciacquiamo stando attenti a eliminare bene il sapone e ad asciugarci scrupolosamente. Una volta compiuta la dimostrazione, lasciamo pure il bambino lavarsi le mani a modo suo, ma incoraggiandolo a farlo regolarmente: prima di andare a tavola, dopo essere andato al gabinetto, di ritorno dalla passeggiata...

8
la toilette

Con del materiale adatto e posto alla sua portata, il bambino può fare toilette da solo. Su un ripiano basso disponiamo un pettine, una spazzola e, se necessario, un piccolo cestino con mollette e fasce fermacapelli.
Sopra il ripiano fissiamo uno specchio e, sotto, mettiamo un vasetto con il suo dentifricio e lo spazzolino. In questa attività la collaborazione è importante: il bambino tiene lo spazzolino mentre noi schiacciamo il tubo per fare uscire il dentifricio.
Lo spazzolamento avviene a turno: prima lo lasciamo fare da solo e quando tocca a noi posiamo leggermente la mano sulla sua per guidarlo. Poi tocca di nuovo a lui – sempre che mostri di averne voglia.
Se il bambino rifiuta di collaborare, proviamo a proporgli una clessidra per misurare il tempo (così si distrae) o a cantargli una filastrocca a mo' d'incoraggiamento durante l'attività.

9

pulirsi le scarpe

Dando al bambino l'opportunità di prendersi cura da solo delle sue cose lo rendiamo felice della nostra fiducia nei suoi confronti. Di tanto in tanto, per esempio, possiamo proporgli di pulirsi le scarpe. Prima prepariamo l'occorrente: un giornale da stendere sul tavolo, una spazzola, uno straccio pulito e asciutto, una scatoletta di cera neutra. Gli mostriamo come mettere la mano nella scarpa mentre con l'altra la spazzoliamo per eliminare lo sporco. Poi stendiamo la cera con lo straccio e la lasciamo asciugare mentre lui si occupa dell'altra scarpa. Gli mostriamo come renderla lucida con lo straccio. È possibile che desideri continuare l'attività pulendo altre scarpe: in questo modo si abitua a prendersi cura delle sue cose personali – ed eventualmente anche di quelle degli altri – e a svolgere il ciclo completo di un'attività.

10

imparare l'igiene personale

In questa fase, che sarà la prima grande collaborazione a scopo educativo tra il bambino e l'adulto, occorrono l'attenzione dei genitori e un ambiente predisposto. Appena il bambino si regge in piedi, possiamo cambiarlo in posizione verticale in modo che anche lui partecipi al cambio: togliere il pannolino sporco, buttarlo via e metterne uno pulito.
Bisogna soprattutto stare attenti ai segnali rivelanti che il bambino è pronto a iniziare quest'apprendimento, che richiede sostegno e perseveranza da parte nostra. Il periodo sensitivo si situa tra i 12 e i 18 mesi: se ce lo lasciamo scappare, imparare ad adoperare il bagno sarà più arduo.

All'inizio dell'apprendimento prepariamo nel gabinetto o nella stanza da bagno un angolo piacevole con un vasino, una cesta con qualche libro, carta igienica e un paio di mutandine pulite. Poi invitiamo regolarmente il piccolo ad andare sul vasino per creare punti di riferimento e abitudini: prima dei pasti, prima del riposino, prima di andare a dormire, prima di uscire. Osservandolo capiremo in che momento proporgli la sosta in bagno, e sempre più spesso riusciremo nell'intento. Così il bambino stabilirà un rapporto tra le sue sensazioni e il risultato ottenuto, tanto che ben presto ci chiederà lui stesso di restare senza pannolino o di andare sul vasino. Capirà anche che ogni tanto si deve sospendere un'attività per andare al gabinetto.

Una volta iniziato l'apprendimento, dovremo essere presenti e costanti. Se esso avviene durante il periodo sensitivo, ben presto il bambino sarà pulito per tutto il giorno e autonomo nell'andare al gabinetto.

1
mettere il pigiama
2
lavarsi i denti
3
fare la pipi

11

per non dimenticare

Il bambino ha bisogno della nostra presenza e costanza. È capace di fare molte cose ma gli succede spesso di dimenticarne qualcuna – perché la sua attenzione viene attratta da altre cose – o di rifiutare di farla per affermare la propria volontà. Stabilire una routine è un ottimo modo per aiutarlo nella vita quotidiana. Se una certa cosa fa parte del suo quotidiano l'accetta più facilmente e noi dovremo dargli meno spiegazioni.

Ciò nonostante può avere bisogno di un piccolo richiamo che può essere proposto anche utilizzando delle immagini. Per il rito serale dell'andata a letto possiamo preparare una serie di disegni appesi nella stanza da bagno: 1 – Lavarsi i denti. 2 – Andare al gabinetto. 3 – Lavarsi mani e viso... Questo ci consentirà di non ricordargli continuamente quello che deve fare.

Farsi aiutare dalle figure sarà per lui piacevole.

la cura dell'ambiente

Se diamo al bambino la possibilità di partecipare alla vita quotidiana, lui imparerà ad avere cura dell'ambiente interno.
Oltre agli esempi di attività forniti in questo capitolo, potrete inventarne delle altre voi stessi.
Ciò che conta è la *collaborazione* che, a poco a poco, permette al bambino di fare da solo.

12

lavare i vetri

Lavare i vetri è un'attività molto gradita ai bambini. Bisogna trovare un vetro alla sua altezza, uno spruzzino adatto alle loro piccole mani e un cestino di stracci. Gli spieghiamo come spruzzare e poi come asciugare. All'inizio il bambino rischia di spruzzare con troppa abbondanza senza curarsi di asciugare, ma non dimentichiamo che il processo di apprendimento richiede tempo e pazienza. Non esitiamo a mostrargli i gesti a più riprese, oppure a farli insieme a lui. Se non asciuga mai l'acqua, restiamogli accanto per asciugarla. A poco a poco l'attività diventerà meno caotica e i suoi gesti si faranno più precisi. Più ripete l'operazione e più noterà i particolari (l'acqua rimasta sui vetri o colata sul pavimento). Quest'attività lo porta a eseguire dei movimenti ampi che fanno lavorare il corpo.

13
usare la spugna

Quando il piccolo adopera l'acqua, gli incidenti sono all'ordine del giorno. Possiamo mettergli a disposizione una spugnetta e fargli vedere che può asciugarla anche da solo e lui accetterà volentieri la proposta.

In seguito lasciamogli a disposizione una piccola catinella con una spugna e uno straccio, da utilizzare ogni volta che ne avrà bisogno per pulire qualcosa, o anche solo per il piacere di farlo. Mostriamogli come passare la spugna, come strizzarla sopra la bacinella e poi come asciugare il tavolo con lo straccio.
Attenzione: non stiamo dicendo di obbligare il bambino a pulire. Dobbiamo semplicemente seguire i suoi bisogni e permettergli di prendersi cura di se stesso e dell'ambiente. Se non avverte pressioni da parte dell'adulto, sarà felice di farlo.

14

lavare il tavolo

Lavare il tavolo è un'attività che richiede movimenti ora ampi, ora più precisi e che impegna tutto il corpo del bambino. Prepariamo il necessario: una bacinella con un po' d'acqua, una spazzolina e un panno. Se ne è capace, il bambino può riempire da solo la bacinella con una piccola brocca. Immergiamo la spugna nell'acqua. Facciamogli vedere come passarla sul tavolo facendo attenzione a lavare tutta la superficie, i bordi, gli angoli. L'attenzione e la minuziosità che impieghiamo nel lavare tutte le parti verranno assorbiti dal bambino che ci osserva. Quando il tavolo è pulito, l'asciughiamo con un panno, quindi proponiamo al bambino di lavarlo a sua volta. Infine l'aiutiamo a rimettere a posto il materiale. In seguito potrà eseguire l'attività da solo, poiché ormai ne conosce le varie tappe.

15
spolverare

Il bambino sarà felice di accompagnarci dappertutto con un piumino da spolvero mentre noi laviamo, riordiniamo o passiamo l'aspirapolvere.
Prima di tutto spieghiamogli come utilizzarlo, facendogli notare che la superficie dei mobili si copre di polvere: basta passarci il dito per accorgersene!
Ricordiamoci di spostare gli oggetti per spolverare anche sotto e non solo intorno. Più i nostri gesti saranno precisi, più il bambino sarà interessato all'attività e avrà voglia di imitarci. Le faccende domestiche non sono solo una fatica, ma anche un piacere da condividere. Il bambino impara così che è piacevole curare l'ambiente circostante e mantenerlo pulito e ordinato.

16

riporre i calzini

Il bambino che scopre il mondo ha bisogno di capire il posto e la funzione di ogni cosa, per cui possiamo associarlo alle nostre attività di riordino. Per esempio, mentre pieghiamo la biancheria, lui può smistare i calzini. La cernita è un'attività che piace molto ai bambini perché soddisfa il loro bisogno d'ordine e di classificazione.

Facciamogli vedere che i calzini sono accoppiati a due a due e proponiamogli di appaiarli. Poi lasciamolo fare, a meno che non richieda la nostra partecipazione. Fino a 3 anni il piccolo farà fatica a compiere certe attività senza la partecipazione dell'adulto. Sapendo di poter contare sulla nostra presenza e sul nostro aiuto, un po' alla volta si staccherà da noi e svolgerà l'operazione con serenità.

Una volta terminata la cernita, potrà rimettere a posto i calzini. Ai piccoli piace molto riordinare le cose di tutti. « Ogni cosa al suo posto » è per loro una massima fondamentale.

17

riordinare le stoviglie

Riporre e selezionare le cose sono due attività molto gradite ai bambini che si trovano nel periodo sensitivo dell'ordine. Il bisogno d'ordine è una tappa importante nella loro costruzione ed è abbastanza facile trovare piccole e semplici incombenze da eseguire.
Mentre svuotiamo la lavastoviglie il piccolo può, per esempio, dividere le posate, cosa interessantissima per un bambino di 2 anni che dedicherà il tempo necessario a osservare gli oggetti, cercare il loro posto e allinearli tutti nello stesso senso.
Se all'inizio si sbaglia, evitiamo di riprenderlo. Ben presto sarà capace di accorgersi dell'errore e di correggerlo. Se lo interrompiamo rischiamo di spezzarne lo slancio e di trasmettergli un senso di frustrazione. Il bambino lavora per se stesso: le nostre osservazioni gli impediscono di concentrarsi attirando l'attenzione sulla nostra persona.

18

prendersi cura di una pianta

Un bambino piccolo può imparare a occuparsi di un'altra forma di vita. Un buon inizio può essere quello di prendersi cura di una pianta. Scegliamone una abbastanza robusta e correndiamola di tutto il necessario: un piccolo annaffiatoio, una spugnetta per asciugare l'acqua rovesciata, un piccolo spruzzatore e un pompon di lana.

Se la pianta si trova accanto alle nostre, il bambino se ne prenderà cura insieme a noi. Mostriamogli come versare l'acqua, asciugare le gocce con la spugna e, di tanto in tanto, vaporizzare le foglie. In un'altra occasione gli insegneremo a spolverarle con il pompon. Tutto questo va fatto insieme a lui per fargli vedere la delicatezza e il rispetto con cui deve trattare la pianta. Se c'è qualche foglia o qualche fiore secco, mostriamogli come toglierli.

19

comporre un mazzolino di fiori

Il bambino sarà felicissimo di prendere parte alla creazione di un ambiente gradevole in cui sentirsi a suo agio. Per quest'attività prepariamo tre vasetti, dei fiori col gambo della misura giusta, una brocchetta d'acqua, un piccolo imbuto, una spugna e delle salviette su cui posare i vasi. Dato che il bambino è molto sensibile al linguaggio, dedichiamogli il tempo necessario a presentargli tutti questi oggetti spiegandogli il nome dei fiori.

La prima volta prendiamo l'imbuto e riempiamo un vaso; scegliamo un fiore e mettiamocelo dentro con delicatezza, poi un secondo e così via, mostrando che diamo importanza alla bellezza del risultato. Poi prendiamo un tovagliolo e andiamo a posare il mazzolino in un punto della casa.

Dopo di che invitiamo il bambino a fare i mazzolini da solo e a posarli dove gli pare. Sarà fierissimo di mostrarci i risultati ottenuti! Quest'attività lo impegna nella creazione e nell'osservazione ed esercita l'uso delle mani e la precisione.

20
lavare la biancheria

Molte attività della vita pratica richiedono l'uso di strofinacci. Quando la cesta degli strofinacci sporchi è piena, è giorno di bucato! Ci vorranno due catinelle, del sapone, una spazzola, un grembiule e un acquaio accessibile. Riempiamo d'acqua la prima catinella. Il bambino ci immerge i suoi strofinacci e noi gli mostriamo come lavarli stendendone uno sul bordo dell'acquaio, insaponandolo e passandoci la spazzola. Poi lo mettiamo nella seconda bacinella. Ora spetta al bambino lavare per il tempo che desidera. Quando ha finito, svuota la bacinella nell'acquaio e la riempie d'acqua pulita per sciacquare. Mostriamogli come muovere delicatamente gli strofinacci e poi strizzarli. Se ha a disposizione il materiale, il bambino potrà compiere quest'attività per tutto il tempo che vorrà e provarci un vero piacere.

21
stendere la biancheria

Il bambino ha bisogno di esercitare la sua motricità fine imitandoci ed esercitandosi con oggetti veri.

Scegliamo delle mollette da bucato facili da aprire e sistemiamo un filo all'altezza del bambino. Mettiamo in una catinella quello che può stendere: calzini, mutandine, fazzoletti. Lavorando insieme a noi avrà la percezione di svolgere un compito importante. Quest'attività può venire proposta anche con il bucato degli strofinacci!

Per cominciare, offriamogli un cestino con le mollette da bucato perché si eserciti attaccandole al bordo. In un primo momento si divertirà a osservarci: concediamoci il tempo di rifare lo stesso gesto tutte le volte che sarà necessario.

22

il gesto esatto

Per riuscire a imitarci il bambino ha bisogno di osservarci. Ma poiché noi lavoriamo velocemente e facciamo più cose nello stesso tempo, le nostre azioni gli appaiono sconnesse, e questo complica l'apprendimento del bambino piccolo che cerca di riprodurre i nostri gesti.

Cerchiamo di essere più precisi, più lenti e di analizzare una per una le varie tappe. Fare le cose sempre nello stesso modo e nello stesso ordine lo aiuterà a imitarci. Dedichiamo quindi qualche momento a scomporre metodicamente le tappe. Adeguarsi al ritmo del bambino richiede una certa concentrazione, ma ci aiuta a vivere il momento presente, come lo vive il bambino.

23

a proposito dell'ordine

Maria Montessori afferma che, per costruirsi, i bambini hanno bisogno di ordine. Una casa in disordine, sovraccarica d'oggetti e con troppi stimoli li soffoca e ne frustra lo sforzo di dare un senso all'ambiente circostante. Osservando i giochi di un bambino piccolo salta subito agli occhi il suo desiderio di sistemazione: divide i cubi secondo i colori, allinea le macchinine, si irrita se indossiamo la maglietta del papà o se cambiamo una sola parola della favola. Prova un forte bisogno di mettere ordine là dove, secondo la sua logica, non ce n'è. Il che, naturalmente, non significa che sia capace di crearlo. Per soddisfare questo suo bisogno dobbiamo prestare particolare attenzione al suo ambiente: fare una cernita degli oggetti, sistemare dei ripiani alla sua altezza con un posto per ogni cosa, stabilire dei rituali quotidiani, fare le cose con lui sempre nello stesso ordine, utilizzare parole precise.

La sensibilità all'ordine viene acquisita dalla nascita fino ai 2 anni, dopo di che si perfeziona. È a partire dall'ordine presente intorno a sé che il bambino piccolo se ne costruisce una rappresentazione psichica e ordina le cose nella sua mente.

in cucina

Per il bambino la cucina è un paradiso sensoriale:
si tocca, si assaggia, si annusa e si manipola.
È un luogo dove possiamo svolgere
insieme molte e svariate attività.
Il bambino piccolo vuole imitarci e fare da sé,
ma non completamente da solo. Ha ancora
bisogno di noi e del nostro accompagnamento.
In cucina sarà felice di lavorare al nostro fianco.

24

organizzare la cucina

La cucina è il posto giusto per organizzarvi il materiale del bambino. Se possibile, sistemiamoci un tavolinetto sul quale possa svolgere le sue attività o mangiare. Se la cucina è troppo piccola bisognerà prevedere uno sgabello largo per accedere al piano di lavoro. In un pensile o su un ripiano alla sua altezza sistemiamo tutto il necessario per apparecchiare e fare uno spuntino, come anche gli utensili che adopera per cucinare con noi. Anche il necessario per colorare può trovare posto in cucina. In un altro armadietto predisponiamo il materiale per rigovernare: una pila di stracci, una spugna, una bacinella, un piccolo strofinaccio da pavimento, una scopetta, una paletta, uno spruzzino... Infine rendiamo accessibile l'acquaio e il secchio della spazzatura per aiutarlo a diventare autonomo.

25

apparecchiare

Se avete la possibilità di sistemare un tavolinetto, il bambino potrà posarci facilmente il suo coperto e quello di fratelli e sorelle. Tale attività l'aiuterà a perfezionare i movimenti e la coordinazione e svilupperà il suo comportamento sociale facendolo partecipare alla vita della famiglia. Per cominciare, prepariamo delle tovagliette da tavola in tessuto sulle quali disegneremo i contorni degli oggetti: piatti, posate e bicchieri. Così guidato, il bambino riconoscerà gli elementi da prendere nel pensile e il loro posto sul tavolo. Sistemiamoci tutto quello che gli serve: le tovagliette, i piatti, le posate e i bicchieri. Una volta impadronitosi di questo compito, potrà apparecchiare la tavola dei grandi. Può anche portare il sale, il pepe o una piccola brocca d'acqua.

26

preprararsi uno spuntino

Sulla mensola di cucina il bambino può avere a disposizione un posto riservato alla merenda o allo spuntino del mattino: una scatola di frutta secca, un frutto fresco con il necessario per tagliarlo, una scatola di gallette di riso, un piccolo tagliere di legno con una fetta di pane e un coltellino per spalmare.

Ovviamente stabiliremo delle norme d'uso e il bambino dovrà chiederci il permesso prima di prendere l'iniziativa. Potrà scegliere tra quello che desidera mangiare, servirsi e prendere posto al suo tavolinetto senza bisogno di chiederci aiuto.

27
servirsi da bere

Un bambino abituato a mangiare da sé prima o poi chiederà di bere in un bicchiere. Possiamo accompagnarlo ben presto in questo apprendimento proponendogli un bicchiere piccolo e una brocchetta di vetro. All'inizio lo serviremo e lui osserverà i nostri gesti. Verrà il giorno – dopo il primo anno – in cui manifesterà il desiderio di provare da solo. A quel punto conviene armarsi di pazienza e lasciarlo fare. Possiamo stargli accanto per aiutarlo a versare, ma bisogna anche lasciarlo sperimentare e osservare il risultato dei suoi gesti. Stendiamo sul tavolo una tovaglietta di spugna e lasciamolo provare con poca acqua. Se ha modo d'impratichirsi, i suoi gesti diventeranno presto più precisi e sicuri. Sarà felice di potersi esercitare e si sentirà rispettato e ascoltato nel suo bisogno d'autonomia.

28

tagliare

Il bambino piccolo è capace di molte cose assai prima di quanto si creda. Se, per esempio, gli si fornisce il materiale adatto, è addirittura capace di tagliare. Per cominciare, diamogli un taglia-verdure a lama ondulata: le due mani sono posate molto sopra la lama e c'è meno pericolo. Mostrandogli come adoperarlo, i nostri gesti devono trasmettere la nozione di pericolo e la necessità di maneggiare l'utensile con cautela.

In seguito potrà prendere un coltellino a punta rotonda e tagliare, ad esempio, una banana. Una mano tiene il manico mentre l'altra preme di piatto sul lato non tagliente della lama. Durante tale attività occorre assicurarsi che le tappe si susseguano da sinistra a destra, ossia nel senso

della scrittura e della lettura. Se, per esempio, gli diamo da tagliare un pezzo di zucchina, metteremo le zucchine a sinistra, il tagliere e il coltello al centro e il piatto per le fettine a destra.

Durante le attività culinarie incoraggiamo il bambino a fare le cose fino in fondo: tagliare l'intero frutto, gettare le bucce nella pattumiera, lavare il materiale e rimetterlo a posto, dopo di che potrà sedersi e mangiare. La sua perseveranza, la sua pazienza e la sua volontà ne usciranno rafforzate. Anche se all'inizio si incontra qualche difficoltà, alla fine il bambino sarà contento di condividere ciò che ha preparato.

Per variare le attività possiamo anche proporgli uno sbuccia-mele o un pela-patate. E appena sarà capace di usare da solo un coltello e un tagliere, potrà tagliare accanto a noi, ovviamente sempre sotto la nostra sorveglianza. Sarà orgoglioso di partecipare alla preparazione del pasto e si renderà davvero utile.

29

spalmare

Durante la prima colazione il bambino
può facilmente spalmarsi una fetta di pane.
Quando manifesta il desiderio di spalmare,
sta a noi mostrargli fiducia, lasciarlo impratichire
e prevedere qualche minuto in più per la colazione.

Come sempre, la scelta dell'utensile è di grande
importanza: gli ci vorrà un coltellino da burro.
Per uno spuntino potrà anche spalmare
del formaggio fresco o della pasta d'olive.
Spalmare il pane da solo è un passo in più
verso l'autonomia.

30

rigovernare

Occorrono ben pochi accorgimenti perché un bambino di 2 anni possa lavare i piatti, cosa che gli piacerà moltissimo. L'ideale sarebbe un acquaio a due vasche: se non c'è, bisogna prevedere una catinella per il risciacquo. Per prima cosa invitiamo il bambino a mettersi il grembiule. Mettiamo un po' d'acqua e di sapone per piatti nella prima vasca, e dell'acqua da risciacquo nella seconda. Gli oggetti da lavare stanno sulla sinistra dell'acquaio: il bambino ne prende uno, lo immerge nell'acqua, lo lava con la spugnetta, lo sciacqua nell'acqua pulita e lo posa sullo scolatoio. Quando ha finito può svuotare le vasche e passare la spugna sull'acquaio. Poi può asciugare i piatti con un piccolo strofinaccio e metterli a posto. All'inizio asciugare non sarà facile, per cui prepariamogli un asciughino speciale su cui, con un pennarello, avremo tracciato un cerchio al centro. Il bambino stende l'asciughino, ci posa sopra l'oggetto bagnato e lo ricopre con i lembi. Alla fine rimette a posto le cose lavate e il grembiule. Il fatto di iniziare l'operazione infilandosi il grembiule e di concluderla rimettendolo a posto segna chiaramente l'inizio e la fine dell'attività e aiuta il bambino a portarla fino in fondo.

31
cucinare insieme al bambino

Cucinare con il bambino è un piacevole momento di condivisione e di trasmissione. Il piccolo partecipa alla vita familiare e impara a usare un certo numero d'utensili. Esercita la motricità, scopre consistenze e odori e impara una terminologia precisa. Acquisisce anche il senso della successione: un certo ingrediente va messo prima di un altro. Il piccolo comincia con attività molto semplici: mettere su un piatto dei pezzi di verdura, lavare le patate, staccare i gambi dei funghi. A poco a poco partecipa a un maggior numero di operazioni. Se gli prepariamo tutti gli ingredienti, ben presto sarà capace di eseguire una ricetta quasi da solo. Come per tutte le attività della vita pratica, l'essenziale è studiare con cura l'attività stessa e prepararla prima di proporla.

32

fare il pane

Fare il pane è un'attività interessante poiché è (quasi) quotidiana. Entrerà rapidamente a far parte della routine del bambino e diventerà un punto di riferimento. La ripetizione è importante: permette di perfezionare i gesti, di analizzare le varie tappe e di percepire un numero di dettagli sempre maggiore.

Cominciamo con il preparare tutti gli ingredienti: una ciotola con il lievito fresco o fermentato, dell'acqua tiepida, una tazzina di sale, una ciotola con la farina e un piattino con l'olio, dopo di che forniamo delle indicazioni precise. Prima di tutto versiamo l'acqua sul lievito e mescoliamo bene. Poi scaviamo una fossetta nella farina, ci aggiungiamo il liquido, il sale, e mescoliamo con una spatola di legno.

Poi impastiamo il tutto. Perché la pasta non si attacchi alle dita ungiamo le mani con un po' d'olio. L'attività dell'impastare è un lavoro difficile per un bambino, che tuttavia gradisce quest'esercizio di forza e di manipolazione. Poi formiamo una palla. Con un coltello il bambino può dividere la pasta in vari pezzi. Dobbiamo resistere alla tentazione di aiutarlo a fare dei panini uguali e ben formati: lui lavora così e correggerlo gli trasmetterebbe un messaggio negativo.

A questo punto bisogna aspettare che lievitino. L'attesa è un po' lunga, ma al bambino piace tenere d'occhio la pasta che cresce. Infine cuociamo il pane!

Quando si tratta di attività lunghe come questa, è importante sostenere il bambino per tutto il tempo. Guidandolo ad arrivare fino in fondo lo aiutiamo a perseverare e quindi ad acquisire fiducia e autonomia.

piccoli vassoi d'attività

I bambini amano per loro natura realizzare attività complete, anche senza bisogno di produrre qualcosa. Un'attività con un inizio e una fine li aiutano a concentrarsi e a sviluppare pazienza e costanza. Ecco qualche esempio di attività da proporre al bambino dai 15 mesi in poi.

33

travasare

Quando il bambino prova il desiderio di travasare, versare, svuotare, riempire... (di solito lo fa nella vasca da bagno con dei recipienti) vorrà diventare più preciso e impratichirsi al di fuori di quel momento di gioco.
Per cominciare, proponiamogli di travasare grossi chicchi – fagioli o ceci. Prepariamogli due piccole ciotole e dei chicchi da versare dall'una all'altra o da travasare a mano.
Poi aggiungiamoci un grande cucchiaio che gli richiederà gesti più precisi e maggiore concentrazione.
Appena tali attività gli riusciranno facili (verso i 2 anni e mezzo), presentiamogli un vassoio con due brocchette identiche, piccole e leggere. È importante mostrare l'attività al bambino con gesti lenti e precisi, in modo che possa acquisirli e farli propri.

Prendiamo delicatamente la brocchetta, teniamola sopra l'imboccatura dell'altra e versiamo lentamente, in modo che il bambino abbia il tempo di osservare i chicchi che scivolano. Poi ricominciamo in senso inverso cambiando mano.
Se qualche chicco cade sul vassoio, raccogliamolo con l'indice e il pollice stretti a pinza.

Anche se all'inizio il bambino è un po' maldestro e la sua attività caotica, lui vuole imitarci e farlo bene. Sta a noi dargli fiducia e lasciargli il tempo d'impratichirsi.
Manifesterà interesse per ogni tipo di travaso e non sarà difficile immaginarne degli altri.

34

travasare con la spugna

Per quest'attività mettiamo due ciotole (larghe ma non troppo alte) e una spugnetta su un tavolino basso. In quella di sinistra versiamo un po' d'acqua (può farlo anche il bambino, se ne è capace).

Dedichiamo alla dimostrazione il tempo necessario: immergiamo la spugna nella prima ciotola, mettiamola sopra quella vuota e strizziamola leggermente con le mani. Ripetiamo il gesto finché la ciotola di sinistra non sarà vuota. A questo punto facciamo vedere al bambino che la prima ciotola è vuota: « Vedi, non c'è più acqua ».
Ora ricominciamo in senso inverso: travasiamo l'acqua dalla ciotola di destra in quella di sinistra.
Quando abbiamo finito, mostriamogli di nuovo che la ciotola è vuota. Poi asciughiamo le gocce dal tavolo e facciamo ripetere l'operazione al bambino.

Tale attività gli insegna tra l'altro ad adoperare la spugna e a capire che, se non la strizziamo, non può assorbire altra acqua.

35

pescare piccoli oggetti

Una volta acquisita una certa abilità manuale,
il bambino piccolo va alla ricerca di attività
nelle quali esercitare la sua capacità di precisione.
Questo gioco consiste nel « pescare »
degli oggetti galleggianti in una ciotola d'acqua.
Cominciamo con oggetti abbastanza grandi
e con un cucchiaio forato; poi, quando il bambino riesce
a controllare i suoi gesti, proponiamogli una piccola
schiumarola. Questo richiederà una maggior precisione.

Mettiamo sul tavolinetto tutto il necessario:
una grande ciotola, degli elementi galleggianti
(noccioline, perle leggere), una schiumarola,
una ciotola dove mettere gli oggetti e,
naturalmente, una spugna per ripulire.
Grazie a quest'attività il bambino esercita
il coordinamento occhio-mano, la precisione,
la pazienza e la capacità di concentrarsi.

altri esempi di attività pratiche

Lavare l'insalata

Lavare i funghi

Raschiare le patate

Pelare i carciofi

Sgusciare i piselli

Togliere il gambo ai fagiolini

Fare una pizza

Fare una torta di mele

Fare un dolce allo yogurt

Sgranare il mais per i popcorn

Far germogliare i semi

Snocciolare le olive

Adoperare l'imbuto

Adoperare il colino

...

La vita sensoriale

Montessori descrive il bambino piccolo come un esploratore sensoriale. In effetti egli comprende il mondo che lo circonda attraverso tutti i sensi. Prendiamone atto e incoraggiamo i nostri figli a stimolare i sensi.

I sensi sono organi di « prensione » delle immagini del mondo esterno, necessari all'intelligenza.

Maria Montessori, Il metodo della pedagogia scientifica, applicato all'educazione infantile nelle Case dei bambini.

36

selezioni e classificazioni

A partire dai 2 anni i bambini gradiscono le attività di selezione e di classificazione, che eseguono con una concentrazione corrispondente al loro bisogno di ordine e secondo una loro logica personale. Esistono molte attività di selezione alle quali possono partecipare quotidianamente: riordinare le posate quando si svuota la lavastoviglie, aiutare a dividere i chiodi e le viti mescolati tra loro, i bottoni della scatola da cucito... Sono tutte attività da proporre, tenendo tuttavia presente che la selezione o la classificazione devono basarsi su un solo criterio alla volta: o la forma, o la misura o il colore.

All'inizio prendiamo della frutta secca o dei grossi bottoni molto diversi tra loro. Scegliamo solo tre oggetti per categoria (tre noci, tre nocciole, tre castagne) e mostriamo al bambino come sceglierli disponendoli in piccoli cestini o in coppette. Finita la selezione, gli facciamo notare che ogni cestino contiene soltanto oggetti uguali tra loro. Poi facciamolo provare da solo.

Una volta che riesce a fare queste prime scelte, diamogli da selezionare oggetti sempre più simili. Alla fine riuscirà a farlo a occhi chiusi. A questo punto dovrà riconoscere gli oggetti al tatto e memorizzare la loro posizione nei panieri.

37
una scatola di bottoni

Proviamo a dare al bambino una grande scatola di bottoni e qualche barattolo, il tutto su un vassoio o su un tappetino per limitare l'area di lavoro. Quando gli offriamo un materiale per l'esplorazione sensoriale, lasciamolo fare senza guidarne le scoperte e senza intervenire (sempre che il materiale non necessiti di una spiegazione). Invitiamolo ad affondare le mani nella scatola dei bottoni e a scegliere se prendere solo i più piccoli, quelli rossi o quelli blu. A poco a poco osserverà altre differenze: i bottoni di metallo, quelli quadrati, quelli a due e a quattro buchi. Potrà riempire e vuotare i barattoli, aprirli, chiuderli e usarli per le sue scelte. Se lo lasciamo esplorare a suo piacere e senza commentare quello che fa, potrà concentrarsi e compiere più scoperte da solo.

38

i colori

Per iniziare la scoperta sensoriale dei colori possiamo confezionare tre sacchetti di stoffa (uno rosso, uno azzurro e uno giallo) e metterci dentro quattro o cinque oggetti dello stesso colore del sacchetto. Dapprima presentiamo al bambino separatamente un solo sacchetto con il suo contenuto. In seguito potrà adoperarli contemporaneamente tutti e tre ed effettuare una scelta per colore rimettendo al loro posto gli oggetti.

Facili attività di cernita per colore possono essere fatte con altri elementi: per esempio con i bastoncini colorati reperibili nei negozi di giochi creativi. Prepariamo dei vasetti di yogurt in vetro rivestiti con carta colorata: il bambino sceglie i bastoncini e li infila nei vasetti corrispondenti.

39
la caccia ai colori

La caccia ai colori è un gioco divertente che invita il bambino a osservare i colori. L'attività può essere proposta appena mostra interesse per i colori e riesce a distinguerli. Per cominciare scegliamo un colore, per esempio il rosso, e invitiamo il bambino a osservarlo: un grande foglio di carta rossa, una tavoletta dipinta di rosso o il pannello rosso della prima scatola di colori*. Mostriamogli il rosso chiamandolo per nome: « Rosso. È rosso » e, insieme, disponiamo sul tavolo gli oggetti rossi che troviamo in casa.

* Prima scatola di colori: materiale Montessori adoperato nel Nido e nelle classi 3-6 anni. Si compone di sei tavolette di legno da mettere a coppia (due rosse, due azzurre, due gialle). Se possedete questo materiale vi servirà come riferimento per l'attività.

Benché l'esercizio sembri facile, all'inizio il bambino avrà bisogno di un po' d'aiuto, ma una volta capito il principio prenderà gusto al gioco. Quando si stanca della ricerca, invitiamolo ad ammirare il bel quadretto rosso composto dagli oggetti accostati. È un buon sistema per assimilare il colore divertendosi.

Bisogna evitare di comporre più quadri contemporaneamente per non creare confusione e per favorire una migliore memorizzazione del colore. Non esitiamo a ripetere più volte l'attività con lo stesso colore. La ripetizione è sempre utile all'apprendimento.

40
riconoscimento visivo

Quest'attività, molto semplice da realizzare, può evolversi a seconda della capacità del bambino. Tra gli oggetti domestici cerchiamone qualcuno di forma basica e facilmente riconoscibile: un martellino, un righello, una scatola rotonda, una forchetta, uno stampino a forma di stella... Disponiamo gli oggetti su un foglio cartonato, tracciamone il contorno col pennarello nero e mettiamoli in un cestino. Il bambino deve riconoscere la forma e posarci sopra l'oggetto in modo da coprirla per intero. All'inizio la cosa gli riuscirà più facile se le forme sono piene, per cui sarà bene colorarle di nero. In seguito tale attività potrà essere proposta con delle carte: animali o alberi da associare alla loro sagoma per impegnare il bambino in un'osservazione più minuziosa.

41
bolle colorate

Ecco un'altra attività di scoperta dei colori con dei dischi ritagliati da sacchetti di plastica colorata (rossa, azzurra, gialla). Mostriamo al bambino come incollarli su un vetro. Perché si attacchino dovrà prima umidificare il vetro con un vaporizzatore – una tappa che gli piacerà moltissimo!

Quest'attività, principalmente visiva, piacerà a tutte le età. I più piccoli si divertiranno a incollare e scollare i dischi, facendo così lavorare le loro piccole dita. Ameranno osservare la luce che attraversa i dischi creando graziose macchie di colore sul pavimento. Quelli un po' più grandi potranno scoprire le mescolanze dei colori sovrapponendo i dischi.

WALA

42

il sacchetto dei misteri

Questo piccolo gioco mira ad acuire il tatto utilizzando il senso stereognostico – la capacità di riconoscere la forma di un oggetto toccandolo. Per farlo riuniamo sei piccoli oggetti familiari, molto diversi al tatto: una noce, un braccialetto, una pigna, una conchiglia, un cucchiaino... e mettiamoli in un sacchetto di stoffa.

Per cominciare, estraiamo gli oggetti uno per uno, toccandoli per memorizzarne la forma. Invitiamo il bambino a fare altrettanto e accertiamoci che possa nominarli. Poi rimettiamoli dentro. Infiliamo le mani nel sacchetto, tocchiamo con calma un oggetto e annunciamo: « Ho preso la pigna ». È importante pronunciarne il nome prima di tirarlo fuori. Poi tocca al bambino.

All'inizio può darsi che cerchi di sbirciare, ma poi si fiderà sempre più delle sue mani, divenute più sensibili. Quest'attività, quanto mai ludica, offre un lavoro completo: concentrazione, motricità fine, precisione del tatto e del vocabolario.

Variante

Stavolta prepariamo gli oggetti a due a due (due noci, due pigne...). Nel sacchetto c'è la prima serie e sul tappeto la seconda. Prendiamo, per esempio, la noce e palpandola annunciamo: « Ora cerco la noce », dopo di che infiliamo le mani nel sacchetto per trovarla. Poi invitiamo il bambino a fare altrettanto.

43
i cuscini tattili

Confezioniamo alcune paia di cuscinetti di vari materiali (cotone, lana, seta, cuoio, finta pelliccia, nido d'ape, mussola...)

Il bimbo piccolo esplorerà liberamente i cuscini con tutti i sensi: può stropicciarli, annusarli, passarseli sulle guance, stringerli tra le braccia... Poi gli faremo vedere che i cuscini sono a coppie, invitandolo ad appaiarli, sempre che ne sia capace e che l'attività lo interessi.

In seguito, verso i 2 anni e mezzo, possiamo ritirarli fuori. Mettiamo la prima serie di cuscini in un sacco e teniamo la seconda davanti a noi. Prendiamo un cuscino toccandolo con le mani e andiamo a cercare il suo doppio nel sacco. Posiamolo accanto al primo facendo

vedere che sono identici. Poi tocca al bambino: se sbaglia, il che le prime volte succede, lascerà il cuscino nel sacco, toccherà di nuovo il primo e ricomincerà daccapo. Non abbiamo bisogno di fargli notare il suo errore: se ne accorge da solo!

Variante

Possiamo anche realizzare dei cuscinetti dello stesso colore ma imbottiti con materiali diversi: riso, semola, nocciole...

44

toccare materiali diversi

Un altro modo di soddisfare la curiosità del bambino è quello di proporgli di toccare materiali di vario tipo. Gli piacerà impastare il pane, infilare le mani in una ciotola di fagioli secchi, accarezzare il pelo di un animale... Tutto ciò gli procura sensazioni molto diverse e gli fornisce informazioni sull'ambiente circostante. Verso i 2 anni e mezzo proviamo a proporgli la seguente attività: mettiamo in un cestino quattro oggetti morbidi (un cuscinetto, una palla soffice, una spugna...) e quattro oggetti duri (un sasso, un cubo di legno, una castagna...). Prendiamo gli oggetti a uno a uno stringendoli nella mano per saggiarne la durezza. Annunciamo: « È morbido » oppure « È duro », posando gli oggetti in due mucchi separati. Poi continuiamo insieme al bambino. Quest'attività lo aiuta a prestare attenzione alle sue sensazioni. Possiamo eseguirne una analoga con una selezione d'oggetti lisci e ruvidi.

45

percorso sensoriale

Camminare a piedi nudi ha effetti benefici: il bambino percepisce la liscezza del parquet, il freddo delle piastrelle, la morbidezza della moquette. Senza calzini non scivola, ha fiducia nel proprio corpo e riceve preziose informazioni sensoriali.

Possiamo anche creare un percorso sensoriale con un sentiero fatto di materiali diversi: un cuscino morbido, un pezzo di moquette, un tappeto bouclé, una stuoia di cocco, uno zerbino ruvido, un contenitore pieno di sabbia, un foglio di plastica a bolle, una tavola di legno, uno strato di ciottoli...

Dopo avergli fatto vedere come camminare lentamente sulle diverse superfici, con le mani sui fianchi per non perdere l'equilibrio, lo invitiamo a provare. La prima volta può darsi che abbia bisogno di essere tenuto per mano. In seguito potremo cambiare i materiali o tracciare un percorso più complesso.

46
palloncini sensoriali

Ecco una simpatica attività da condividere con bambini d'età molto diverse. Ci vogliono dei palloncini gonfiabili, tutti dello stesso colore, e alcuni piccoli elementi da metterci dentro: nocciole, ceci, semola, acqua... Con i bambini che ne hanno voglia riempiamo i palloncini, li gonfiamo e lasciamo liberi i bambini di esplorare. In trasparenza si vedono perfettamente gli elementi che ballano dentro e l'acqua che si muove. I suoni prodotti dai vari palloncini sono sorprendenti e i più piccoli non si stancano di scuoterli! Posandoli sul palmo della mano si avverte il peso dell'acqua e il solletichio dei piccoli chicchi. Sono sensazioni molto piacevoli. Possiamo anche preparare un cestino con altri palloncini da esplorare.

47

imparare ad ascoltare

Noi non facciamo più caso ai vari suoni che ci circondano perché il nostro cervello li riconosce e li ha introiettati. La cosa è diversa per il bambino piccolo che ha tutti i sensi all'erta e che molto presto punta il ditino verso l'orecchio udendo un suono noto o che, al contrario, ancora non conosce. Ecco due piccoli giochi per aiutarlo a identificare i suoni e affinare la sua percezione.

1. Scegliamo un momento in cui il bambino è calmo e disposto ad ascoltare. Chiediamogli di stare zitto come una statua e di chiudere gli occhi. Poi facciamo un rumore ben riconoscibile (aprire un cassetto, stropicciare della carta, aprire il rubinetto, il frigorifero, la pattumiera...) e chiediamo al bambino di riconoscere che cosa lo produce.

Se non riesce a tenere gli occhi chiusi, può stare nella stanza accanto. Possiamo anche scambiarci le parti: gli piacerà moltissimo farci indovinare.

2. Questo secondo gioco lo aiuterà a rendersi conto del suono nello spazio e a perfezionare la propria sensibilità uditiva: chiediamogli di sedersi a occhi chiusi in mezzo alla stanza e di ascoltare. Noi produciamo un suono e il bambino deve indicarne col dito la provenienza. Anche qui possiamo scambiarci le parti.

48

l'odorato e il gusto

Sullo stesso principio del sacchetto dei misteri (attività 42) possiamo giocare a riconoscere un alimento soltanto dal sapore. All'inizio proponiamo al bambino degli alimenti di sapore molto diverso, come marmellata, yogurt bianco con zucchero, composta di frutta; poi altri più simili tra loro: limone, arancio, pompelmo...

Un altro giorno gli proporremo di annusare tutto quello che troviamo in cucina, in giardino o altrove: olio d'oliva, aceto, pepe, curry, una mela, un arancio, un cavolo, del pane...

Invitiamolo a far lavorare i sensi nella vita quotidiana. Se acquistiamo un cavolo al mercato, osserviamolo insieme al bambino: può annusarlo,

toccarlo, staccare le foglie esterne, accarezzarle, assaggiarle. Dopo aver fatto quest'esperienza può darsi che quando lo cucineremo lo mangi più volentieri.
Non dimentichiamo che si tratta di giochi da condividere e non di esercizi didattici ai quali il bambino deve prendere parte per farci piacere!

Il lavoro della mano

La pedagogia Montessori attribuisce un ruolo importante al lavoro manuale. È mediante la manipolazione che il bambino acquisisce una conoscenza sempre più precisa del mondo che lo circonda, che costruisce e sviluppa la propria intelligenza.

L'intelligenza del bambino raggiunge un certo livello senza far uso della mano; con l'attività manuale egli raggiunge un livello più alto ed il bimbo che si è servito delle proprie mani ha un carattere più forte.

Maria Montessori, *La mente del bambino*

49

favorire la concentrazione

Secondo Maria Montessori, senza la concentrazione esistono poche possibilità d'apprendimento. Portare il bambino ad acquisire questa capacità è uno degli obiettivi (a lungo termine) di una classe Montessori. Noi però possiamo coltivare la facoltà di concentrazione del bambino ben prima dei 3 anni!

La concentrazione di un bambino molto piccolo è labile e può facilmente venire interrotta da un adulto frettoloso. Se interferiamo troppo spesso nella sua attività, ne faremo una « farfalla » che avrà difficoltà a posarsi. Maria Montessori consiglia di prestare particolare attenzione ai momenti in cui il bambino si concentra spontaneamente. Se invadiamo quegli istanti, potremmo impedire lo sviluppo di questo fondamentale mezzo d'apprendimento. Favorendo la concentrazione, essa non potrà che svilupparsi.

50

riempire e svuotare

Tutti i bambini attraversano un periodo, talvolta anche lungo, in cui si divertono a riempire e a svuotare un recipiente. Possiamo facilmente soddisfare questa richiesta e il loro bisogno di motricità fine, per esempio con un barattolo da spezie e delle rondelle di legno (reperibili in un negozio di giochi creativi). Presentiamogli su un vassoio le rondelle in una ciotolina con accanto il vasetto: in quest'attività il bambino esercita la coordinazione occhio-mano, si allena a versare le cose e ad aprire e richiudere il barattolo.

Possiamo proporre altre attività di questo tipo: per esempio un tubo di cartone tappato da una parte e delle cannucce da metterci dentro. Per un certo tempo gli piacerà anche un salvadanaio con dei gettoni.

51

infilare su una bacchetta

Nella pedagogia Montessori si trovano varie attività dell'infilare: cubi, anelli e sfere da infilare su steli verticali o orizzontali, che permettono di esercitare la coordinazione in modo preciso e suscitano la riflessione.

Si può anche adoperare l'abaco a cinque steli di diversa altezza, reperibile in commercio. Esso si basa su due tipi di scelta: secondo il colore o secondo la quantità. All'inizio è soprattutto il gesto preciso ad attirare il bambino, incurante del colore e della quantità. Appena sarà un po' più grande, s'interesserà soprattutto al colore. Questo gioco, praticabile a varie età, deve sempre essere eseguito nello stesso ordine: il bambino lo visualizza e cerca di riprodurlo.

52

infilare perline

Infilare perline è un'ulteriore tappa nella precisione e nel lavoro delle dita. All'inizio il bambino, troppo piccolo per infilarle su un filo, potrà farlo su un bastoncino (per esempio una bacchetta cinese) da tenere in una mano. In seguito potremo dargli un cordoncino, provvedendo a irrigidirne i primi tre centimetri con del nastro adesivo. Dedichiamo al bambino il tempo di mostrare come impugnare un pezzo di cordone abbastanza lungo perché spunti fuori dalla perla dopo averla infilata. Ogni volta che mostriamo al bambino qualcosa di preciso, facciamolo lentamente e sempre nello stesso modo. Se le varie tappe sono semplici e chiare, imparerà i gesti più facilmente.

All'inizio infilerà le perle alla rinfusa
senza curarsi né della forma né del colore.
In questa fase è concentrato soprattutto a infilarle:
ogni perla infilata gli causa un piccolo trionfo
personale e un'evidente soddisfazione.
Quando si sarà impadronito del gesto,
comincerà a osservare le perle e a sceglierle.
In seguito farà degli algoritmi alternando
colori e forme su delle collane.

53
le matrioske

Dall'anno di età fino ai 3 anni il bambino adora sistemare degli oggetti nelle scatole. S'interessa anche al confronto, alla selezione e alla classificazione, tutte funzioni del pensiero matematico. Le matrioske soddisfano il suo bisogno di ordine e di manipolazione fine. Offrono la possibilità di osservare, classificare e sistemare per ordine di grandezza. E per un bambino piccolo è sempre una sorpresa scoprire una bambola dentro un'altra bambola!

Avranno molto successo anche scatoline e cubi impilabili uno nell'altro, che permettono un gioco più libero: costruire torri, combinarli con blocchetti da costruzione, metterci qualcosa dentro...

54

ogni cosa al suo posto

Quest'attività s'ispira ai giochi spontanei del bambino nel periodo sensitivo dell'ordine. Gli permette di riporre ogni cosa al suo posto ricavandone un senso di sicurezza.

Diamo al bambino un imballaggio da uova vuoto e un cestino con sei uova di legno, o con sei grosse noci. Può divertirsi a distribuire gli oggetti sistemandoli negli scompartimenti vuoti.

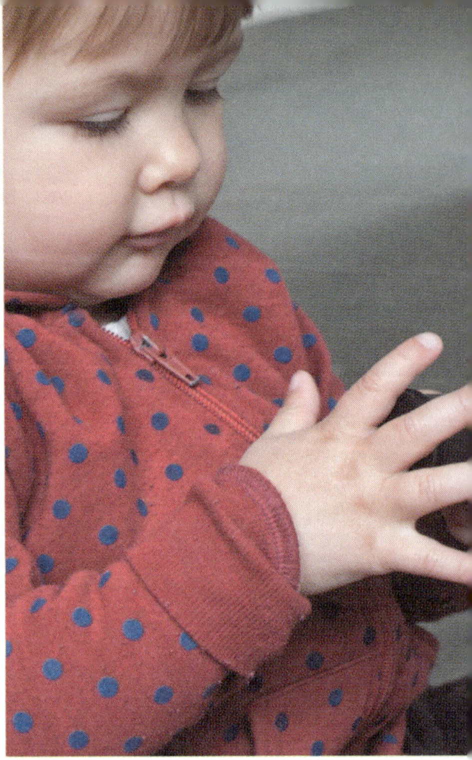

55

aprire e chiudere barattoli

Riuniamo in un cestino qualche barattolo con coperchi di vario tipo: a vite, da sollevare, a scatto... facendo attenzione che il bambino possa aprirli e chiuderli con facilità.

La prima volta che scopre il cestino, dedichiamogli il tempo necessario a mostrargli con calma l'apertura di ogni contenitore: una mano lo regge, l'altra lo apre e gli posa delicatamente accanto il coperchio. Quando tutti i barattoli sono aperti, fermiamoci a contemplare soddisfatti il nostro lavoro, dicendo: « Aperto ». Poi, sempre con calma, li richiudiamo dicendo: « Chiuso ». Quando mostriamo al bambino una nuova attività, è importante compiere gesti semplici e scanditi in modo che li capisca, li memorizzi e possa riprodurli. Poi, quando vorrà, potrà riprendere l'attività a modo suo. Finché l'attività è costruttiva, è meglio lasciarlo fare.

Varianti

Quest'attività può essere proposta con delle scatole (un porta-gioielli, una scatola con cassettino, con cerniera, con coperchio a scivolo) o con astucci di stoffa chiusi da una cerniera lampo, da un grosso bottone, da un cordoncino, da un velcro...

Così facendo, il bambino soddisfa la propria curiosità, il proprio desiderio di capire il mondo e di maneggiare oggetti della vita quotidiana. Esercitandosi con calma, riuscirà più facilmente a cavarsela da solo in un altro contesto.

56

avvitare e svitare

Molti giochi propongono quest'attività, che tuttavia è di solito associata ad altri obiettivi. In questo caso è invece importante mettere in risalto una singola azione in modo che il bambino possa concentrarsi su di essa e perfezionarla.

Avvitare e svitare sono tappe importanti per il bambino che desidera maneggiare le cose come facciamo noi. Un giorno gli verrà voglia di chiudere i vasetti di marmellata della prima colazione, ma per farlo bisognerà che prima abbia imparato ad avvitare. Possiamo proporgli una vite di legno con un grosso bullone (o varie viti di diametro differente) per esercitarsi e perfezionare il gesto. All'inizio girerà la vite sempre nello stesso senso, ma a poco a poco imparerà anche a svitarla.

57

il barattolo spargi-zucchero

Ecco un'attività facile
da realizzare e di sicuro successo.
Procuratevi uno spargi-zucchero in vetro
con coperchio svitabile e preparate
delle bacchettine (per esempio degli spiedini
di legno) della giusta misura.

Con calma facciamo vedere al bambino come infilare i bastoncini nei piccoli fori. Poi svitiamo il coperchio e rovesciamo i bastoncini nel cestino. All'inizio dovrà concentrarsi intensamente per imbroccare il buco, ma è proprio quando l'attività diventa più difficile che la cosa gli appare interessante: sente che con un po' di pazienza e di fatica ce la può fare. Se l'attività è troppo facile, finisce per stufarsene: sta a noi trovare il giusto mezzo tra il troppo complicato e il troppo semplice.

58

le serrature

La manipolazione di oggetti riveste una grande importanza nella scoperta e nella comprensione del mondo. In questo senso i vari tipi di serrature interesseranno il bambino, che si divertirà a manipolarle e a scoprire quello che nascondono.

Nei negozi specializzati o di bricolage si possono trovare numerosi tipi di chiusure. All'interno di un ambiente Montessori i modelli sono disposti su singoli pannelli, in modo da separare tra loro i vari tipi di meccanismi.

Possiamo realizzarli anche da soli acquistandoli nei negozi del « fai da te ». L'attività diventerà più interessante se il bambino potrà scoprire qualcosa, per esempio una figurina o un oggetto nascosto.

59

travasare con la pinza

Quando, verso i 2 anni e mezzo, il bambino ha acquisito una certa precisione, potrà accedere ad attività più complesse quali il travaso con la pinza.

Bisognerà munirsi di una pinza di legno e di elementi da afferrare. Per cominciare scegliamo oggetti abbastanza grandi – noci o biglie di legno – e una pinza adatta. In seguito potremo provare con oggetti più piccoli, cosa che necessiterà di maggiore destrezza e concentrazione.

I bambini richiedono questo tipo d'esercizi di precisione: non dimentichiamo che sono molto più capaci di controllare i gesti di quanto immaginiamo!

60

punzonare

Quest'attività di precisione
è molto gradita al bambino.
Tracciamo su un foglio il contorno di un animale
o di un oggetto e disegniamoci sopra
dei puntini a intervalli regolari.
Posiamo il foglio su un tappetino di feltro perché
il bambino possa bucarli con un piccolo punzone.
Imparerà così a controllare la forza delle dita
e a seguire la linea. Quest'esercizio richiede
molta precisione e concentrazione e prepara
la mano a tenere una matita. Gli esercizi di motricità
fine allenano indirettamente la mano alla scrittura:
il bambino che controlla e rinforza la mano
avrà meno difficoltà a scrivere.

61

i puzzle

Per una prima scoperta dell'incastro esistono puzzle di due pezzi soli. Verso i 2 anni, se lo lasciamo libero di procedere secondo la sua logica, il bambino può manipolare un puzzle a quattro o sei pezzi.

Tra il materiale Montessori esistono anche puzzle di zoologia. Alcuni di essi, molto facili da realizzare, possono essere maneggiati dai più piccoli che peraltro ne traggono molto piacere. Per cominciare mostriamo con calma come fare: afferrando con tre dita il bottoncino di prensione posiamo delicatamente uno a uno i pezzi accanto al puzzle. Procediamo con molta delicatezza e cerchiamo di posarli senza far rumore. Il bambino assorbirà l'intenzione e la qualità dei nostri gesti.

62

la scelta dei giocattoli

I genitori che seguono le idee di Maria Montessori cercano di scegliere giochi compatibili con i suoi principi educativi. Come tutto il materiale delle classi Montessori, i giocattoli devono essere ben fatti, attraenti e belli da vedere. I giochi che invogliano il bambino all'attività sono più interessanti di quelli che chiedono soltanto di schiacciare un bottone. Scegliendone uno, cerchiamo d'immaginare che cosa ne farà il bambino: ha una finalità? Richiede decisioni? Lo incoraggerà a esplorare? Tra tutte le offerte, privilegiamo i giochi costruttivi che fanno lavorare l'immaginazione: per esempio i Kapla o gli Attrimaths, che richiedono manipolazione, riflessione, osservazione e decisioni da prendere.

63

e la televisione?

Maria Montessori non ha potuto sperimentare l'enorme influenza della televisione che, al momento della sua morte, era appena agli albori. Possiamo solo limitarci a supporre che cosa ne avrebbe pensato.

Negli ultimi anni la televisione è stata accusata di creare numerosi problemi in bambini di tutte le età: obesità, comportamento aggressivo, calo del rendimento scolastico... E numerose ricerche dimostrano che la televisione prima dei 3 anni (diciamo pure prima dei 6) è un disastro. Per quanto riguarda i periodi sensitivi, probabilmente Maria Montessori l'avrebbe sconsigliata. Per costruire la sua intelligenza il bambino ha bisogno di fare esperienze concrete nel mondo reale, di toccare le cose e di far lavorare le mani.

Il linguaggio

Lo sviluppo del linguaggio
è un processo lento che nasce
dai primi scambi con il neonato.
La qualità del linguaggio udito
dal bambino l'aiuterà ad acquisire
un lessico vario e preciso.

C'è un periodo sensitivo per « nominare le cose »...
e se gli adulti rispondono in modo appropriato
a questa fame di parole, possono offrire ai loro
bambini una ricchezza e una precisione di linguaggio
destinata a durare tutta la vita.

Silvana Montanaro, Understanding the Human Being

64
la parola giusta

Il bambino piccolo capisce e assimila quello che sente molto prima di riuscire a pronunciare le prime parole. Ma è soprattutto tra i 15 mesi e i 3 anni che il linguaggio si evolve in modo particolarmente sorprendente.
Possiamo accompagnarlo e aiutarlo ad acquisire un lessico ricco e preciso cercando di adoperare i termini esatti. La parola « borsa », per esempio, può indicare oggetti di vario genere: una borsetta, uno zaino, una cartella, una sporta, un sacchetto di plastica. Per un bambino l'importante è di udire il termine preciso. Non esitiamo ad adoperare la parola esatta e, in caso di dubbio, a fare delle ricerche insieme a lui. È molto più istruttivo sapere che l'uccello visto in giardino è una gazza e non un volatile qualunque: la realtà acquista maggior rilievo e ricchezza se la descriviamo con le parole giuste.

Per collegare le parole agli oggetti da esse designati il bambino ha bisogno di manipolare, osservare, annusare delle cose reali. Dobbiamo aiutarlo a nominare con il giusto termine le sue esperienze e le sue sensazioni quotidiane.

65

la scelta dei libri

I libri sono un ottimo supporto del linguaggio e un fondamentale veicolo di cultura, ma bisogna sceglierli con attenzione. Spesso i libri per i piccolissimi propongono troppi stimoli e colori troppo chiassosi che nuocciono alla concentrazione. Meglio accontentarsi di qualche bel libro che il bambino ama e di cui ha cura, piuttosto che accumularne molti di scarso interesse. Il bambino desidera scoprire il mondo reale per cui, prima e anche dopo i 3 anni, l'argomento del libro dovrebbe basarsi sulla realtà. Il fantastico e l'immaginario, senza dubbio molto attraenti, sono fonte di confusione per il piccolo ancora incapace d'astrazione. Le storie vere sono la migliore preparazione a un'immaginazione creativa e allo sviluppo del linguaggio. Prima di presentare una storia al bambino leggiamola per verificarne il significato.

L'imagier
Père Castor

66

la lettura

Leggere ogni giorno un libro al bambino
è fondamentale, soprattutto durante il periodo
d'apprendimento del linguaggio.
Il bambino registra il linguaggio orale
nel corso della giornata e quello scritto
quando gli facciamo la lettura.
Il libro propone un diverso modo di raccontare
e di solito si serve di un lessico più complesso
di quello usato quotidianamente. La costruzione
delle frasi arricchisce la struttura del linguaggio,
le filastrocche e le poesie sviluppano il ritmo
e la sonorità. La lettura aiuta il piccolo
a organizzare il pensiero, ne stimola
la memoria uditiva e l'immaginario.

Per apprezzare la lettura è importante stare comodi. Organizziamo nella stanza un angolo con cuscini, un materassino o una poltrona e dei libri accessibili. Il bambino potrà sistemare qualche libro e dei cuscini anche nel soggiorno. Quando ci sono libri a portata di mano in vari punti della casa, il bambino ne comprende l'importanza e sa di potersi mettere a leggere tranquillo ogni volta che ne ha voglia. Non mescoliamo i giocattoli con i libri, che non vanno maneggiati come dei giochi. Mostriamo fin da piccolo al bambino come prendere un libro, come trasportarlo, come sfogliarne delicatamente le pagine e come rimetterlo a posto. Ben presto capirà che si tratta di un oggetto fragile e prezioso, da trattare con cura.

67

oggetti reali

Il bambino piccolo ha bisogno di far corrispondere le parole agli oggetti da esse designati. Fin dall'età di 1 anno possiamo organizzare delle « lezioni » di vocabolario riunendo alcuni oggetti di una medesima categoria. In un primo tempo gli presenteremo cose reali: un cestino per la frutta, degli utensili da cucina, gli oggetti della stanza da bagno...

Scegliamo un momento tranquillo, in cui il bambino sia disposto a condividere quest'attività, e sediamoci con lui su un tappetino. Prendiamo un oggetto tenendolo con entrambe le mani o annusandolo. Poi diamolo al bambino che l'esaminerà a sua volta e solo dopo pronunciamone il nome, in modo che associ la parola all'esperienza sensoriale.

68

le miniature

Appena il bambino comincia a saper parlare, prepariamogli dei vassoietti di oggetti in miniatura: stoviglie, animali, mobili, vestiti da bambola... A questo punto è già in grado di collegare l'oggetto reale a quello in miniatura.

Come nell'attività precedente, proponiamogli piccole lezioni di vocabolario. Stavolta sarà inutile toccare l'oggetto poiché le informazioni sensoriali sono falsate dalle dimensioni. Il bambino gradisce molto gli oggetti in miniatura: gli piace maneggiarli e osservarli ed è felice di arricchire in questo modo il suo vocabolario. Ben presto potremo associare gli oggetti a delle figure.

69

carte e oggetti

Verso i 18 mesi il bambino è capace di mettere in relazione l'oggetto in miniatura e la sua immagine. Quest'esercizio lo aiuta a capire il passaggio all'astrazione: l'oggetto che ha in mano corrisponde a quello sulla carta.

All'inizio proponiamogli una foto fedele dell'oggetto, limitandoci a tre oggetti e a tre carte per volta. Poniamo le carte davanti al bambino, prendiamo il primo oggetto osservandolo attentamente, chiamiamolo per nome e posiamolo accanto alla sua immagine. Continuiamo con gli altri oggetti, a meno che il bambino non manifesti il desiderio di continuare da solo.
Anche se per questo gioco non occorre che sappia parlare, dev'essere tuttavia capace di concentrarsi e di seguirci quando gli mostriamo lo svolgimento dell'attività. Dobbiamo anche saper valutare il suo interesse per il linguaggio.

In seguito potremo preparare delle carte simili tra loro, ma non proprio identiche: la foto di un cane da associare al modellino del cane, oppure una foto in cui se ne veda solo la testa. Le figure non perfettamente identiche agli oggetti richiedono maggiore riflessione. I bambini amano molto queste attività, che possiamo variare con altre serie d'oggetti.

70

famiglie di animali

Gli animali possono anche servire a insegnare la nozione di famiglia. Avremo bisogno di qualche famiglia di animali domestici (per esempio cavalli, mucche, maiali, capre e pecore). In un primo tempo lasciamo il bambino libero di scoprirli dicendogli il nome degli animali: non come una lezione, ma invitandolo a notare i particolari che li differenziano. Utilizziamo i termini esatti: toro, mucca, vitello, maschio, femmina, agnello... Mostriamogli le corna, le mammelle, gli zoccoli... Prima ancora di parlare, il bambino piccolo assorbe il linguaggio e non chiede che d'imparare parole nuove. Quando sa riconoscere gli animali, possiamo formare insieme delle famiglie. Sarà l'occasione per ripassare il vocabolario e stabilire una classificazione. Per aiutarlo possiamo anche fotografare le nostre famiglie di animali e realizzare delle carte.

71

le carte delle nomenclature

Le carte delle nomenclature, ottimo strumento per sviluppare il vocabolario, possono essere utilizzate a partire dai 2 anni circa. Il bambino vi scopre la ricchezza del mondo: gli strumenti musicali, la frutta, le verdure, gli animali della fattoria, i mezzi di trasporto...

Queste serie di carte soddisfano anche il bisogno d'ordine del bambino, che desidera capire il mondo e l'organizzazione delle cose; ma soprattutto sono uno strumento di linguaggio che serve a discutere, a scambiare e ad arricchire il vocabolario.

Il bambino capisce che dietro alla parola « uccello » esistono uccelli dagli splendidi nomi e molto diversi tra loro. Probabilmente ne conosce già qualcuno e le carte gli permettono di fare nuovi passi in avanti. Le carte sono divise in due mazzi: uno con i nomi e l'altro muto. All'inizio ne utilizziamo solo uno per osservare le figure e discutere con il bambino. Poi il bambino distribuisce davanti a sé il mazzo muto e associa le carte in modo da formare delle coppie. All'inizio ne basteranno sei paia. Quest'attività acuisce il suo senso dell'osservazione e lo aiuta a perfezionare la spazializzazione.

Quando c'è una parola che il bambino non conosce, proponiamogli la lezione dei tre tempi.

72

imparare la terminologia

Per introdurre i vocaboli la pedagogia Montessori usa un metodo: la lezione dei tre tempi.

Primo tempo

In questa fase si nominano gli oggetti. Scegliamo tre oggetti della medesima categoria in rapporto con un argomento che interessa il bambino, o in funzione di un'attività in corso. Quando cuciniamo, per esempio, proviamo a presentargli uno zucchino, un pomodoro e un peperone. Nominiamo le verdure una per una (da sinistra a destra, senso della lettura) pronunciando lentamente e distintamente « zucchino » **senza l'articolo davanti**. Per consolidare l'apprendimento possiamo toccarle e darle da maneggiare al bambino. Questa prima fase può essere ripetuta più volte.

Secondo tempo

Questa seconda fase è fondamentale: è il momento del riconoscimento. Per cominciare ripetiamo la fase numero 1, dopo di che chiediamo: « Mi fai vedere "zucchino"? », e poi: « Mi fai vedere "pomodoro"? », e così via, sempre da sinistra verso destra. A volte i piccoli, ancora incapaci di indicare, ci porgono direttamente l'oggetto. Questa tappa rafforza il vocabolario per mezzo della ripetizione: tuttavia non chiediamo ancora al bambino di ricordare gli oggetti e di chiamarli per nome. Con i più piccoli basterà così. Prima di passare alla fase 3 accertiamoci che il bambino sappia nominare le cose.

Terzo tempo

Prima d'iniziare questa tappa ripetiamo le due precedenti, dopo di che mostriamo il primo oggetto chiedendo: « Che cos'è? ». Bisogna stare attenti a non incalzare il bambino. Non va messo in difficoltà. Al contrario: quando riesce nell'intento diventa più competente e più disposto a imparare cose nuove.

73
il gioco dei suoni

Dai 2 anni e mezzo, o dai 3 in poi, i bambini cominciano a interessarsi ai suoni che compongono le parole e a riconoscerli. Si tratta della « coscienza fonologica » che prepara all'apprendimento della scrittura e della lettura.

Proviamo a proporre un piccolo gioco: disponiamo su un vassoio tre oggetti che il bambino conosce e può nominare. I nomi degli oggetti devono iniziare con suoni molto diversi (ad esempio, trattandosi di modellini, un coniglio, un'anatra e una mucca). Nominiamo accuratamente gli oggetti insieme a lui, insistendo sul suono iniziale. Poi diciamo: « Vedo un animale che comincia per [k]* ».

* Non va indicato il nome della lettera ma il suono che produce: c = [k], k = [k], f = [f], z = [dz]. In questo modo, il bambino potrà individuare meglio le varie lettere che compongono le parole, e questa coscienza fonologica lo aiuterà nella scrittura.

Poi, indicando il coniglio, pronunciamo
« [k] [k]... coniglio », dopo di che continuiamo
con i due oggetti seguenti.
Forse a questo punto il bambino
avrà capito e risponderà da solo.
Se mostra di voler continuare il gioco, ricominciamo
da capo seguendo l'ordine dei modellini sul vassoio
in modo che sappia ciò che stiamo per chiedergli.
Può darsi che questo esercizio debba essere ripetuto
più volte prima che il bambino identifichi i suoni.
Una volta compreso il principio, vorrà giocarci
continuamente, andando a spasso o mentre
cuciniamo. Quando si sarà impratichito,
potremo anche scambiarci le parti,
e stavolta sarà lui a chiederci d'indovinare.

74

il gioco del silenzio

Questo piccolo gioco serve a imparare a creare il silenzio e ad amarlo. Il bambino ha bisogno di qualche momento di riposo e di silenzio, ma non sempre ci riesce da solo.

Per cominciare annunciamogli che ora staremo zitti e che non deve muoversi, parlare né far rumore! Mica facile... La prima volta potremo farlo di fronte a lui, chiudendo gli occhi e senza muoverci per 30 secondi. Capirà meglio di che cosa si tratta. Quando riesce a stare zitto, chiediamogli di ascoltare tutto quello che c'è nel silenzio. Descriviamogli ciò che sentiamo: una macchina in lontananza, un uccello, una suoneria, un rumore di passi... Condividiamo le nostre impressioni per aiutarlo a stare attento e in ascolto.

75

primi tracciati con la mano

Prima di scoprire le lettere smerigliate (verso i 3 anni e mezzo) il bambino sarà attratto dalle lettere e soprattutto dal gesto di tracciare. Per esempio gli piacerà riempire delle « strisce di scrittura » con cerchi o zigzag. Per soddisfare questo impulso, che esprime il desiderio d'imitarci, proponiamogli di tracciare degli anelli sulla sabbia. Stendiamo un sottile strato di sabbia su un vassoio e mostriamogli come ruotare il dito per formare dei cerchi, in modo che acquisti subito il gesto giusto. Tracciare con il dito evita la contrazione della mano, mentre la sabbia smussa le imperfezioni. Il bambino otterrà un risultato più gratificante.

Verso i 3 anni gli piacerà seguire col dito o con una matita il contorno di un disegno.

Le attività manuali e creative

Il pensiero di Maria Montessori, basato sul rispetto del bambino, lascia molto spazio alla creatività. Se vogliamo permettergli di essere creativo, dobbiamo fornirgli le basi per padroneggiare il materiale, superare la tecnica ed entrare nell'arte.

Ostacolo sarà ogni cosa esterna e più ancora ogni attività esteriore, deviando quel fragile e occulto impulso vitale che guida benché non sia ancora cosciente.

Maria Montessori, Il metodo della pedagogia scientifica applicato all'educazione infantile nelle Case dei bambini

76

rispettare la sua creatività

Per permettere alla creatività di esprimersi dobbiamo evitare di dirigere i lavori delle arti plastiche. Lasciamo al bambino la massima libertà possibile per preservare la sua spontaneità e la sua espressione personale. Un bambino non s'impegnerà mai in un progetto che non sia frutto della sua volontà: l'unica cosa che gli serve è la nostra fiducia.

Evitiamo anche di commentare quello che fa: lasciamo che ci parli delle sue opere e conformiamoci alla sua descrizione. Se ci dice che quello è un fiore, quello *è* un fiore e poco importa se sembra tutt'altro. Se non è guidato dall'adulto, il bambino è un artista che crea per se stesso. Non cerca di fare « in modo bello »: vive nell'attimo presente e ama il processo creativo.

Il nostro ruolo consiste nel proporgli un modo rispettoso e intelligente di utilizzare il materiale: sta a lui approfondire le conoscenze mediante l'osservazione, il lavoro e la ricerca di altre possibilità. Imparando a lavorare per se stessi i bambini sviluppano la facoltà di produrre idee originali e acquistano fiducia nelle proprie capacità. Non sono sottoposti al giudizio degli adulti che frena la creatività.

Per preparare un'attività artistica si applica lo stesso principio delle altre: tutto il materiale, pronto all'uso, pulito e in buono stato, disposto a portata di mano. In questo modo il bambino è autonomo appena è capace di usarlo con cura. Se ancora non ci riesce, aiutiamolo, ma solo sul piano pratico: sistemazione del materiale, utilizzo e riordino.

77

un'opera collettiva

Quando il bambino disegna, non dobbiamo intervenire: quello è il suo universo. Ecco un'idea di attività da fare in collaborazione: se desidera disegnare insieme a noi, invece di farlo al posto suo disegniamo insieme qualcosa per dargli degli spunti e incoraggiarlo.

Per esempio: noi disegniamo una testa e il bambino fa gli occhi a modo suo; poi disegniamo un corpo e lui ci mette le gambe, oppure disegniamo dei fiori e lui aggiunge i gambi... Anche se non sa disegnare, il bambino vi si cimenta: anzi è molto probabile che dopo un po' lo troviamo intento a tracciare un fiore da solo, badando a fargli un bel gambo!

78

scoprire la pittura

A un bambino di 15-16 mesi possiamo proporre di scoprire la pittura. Almeno per una settimana cominciamo con un solo colore. Se optiamo per il rosso, possiamo organizzare una caccia ai colori, rintracciare gli oggetti rossi che ci sono in casa e dare il via alla « settimana del rosso »! Poi accantoniamo il rosso e passiamo a un altro colore.

Dopo che il bambino ha usato separatamente i tre colori primari, glieli proporremo a due a due. Con il giallo e il blu finirà inevitabilmente per conoscere il verde e per lui sarà un momento magico: scoprirà da solo i colori secondari e la loro composizione. Una volta che ha sperimentato a due a due i miscugli dei colori primari, potete lasciarlo dipingere con tutti e tre insieme.

Un po' più tardi imparerà ad aggiungere il nero per ottenere una tonalità più scura, o del bianco per una tonalità più chiara.

Procedendo così il bambino sperimenta il colore in modo sensoriale e scopre da solo le mescolanze. Se gli si dà fin dall'inizio una scatola con pastiglie di tutti i colori, ben presto si ritroverà con un foglio tutto marrone. Con questo metodo progressivo il bambino prende coscienza sia del colore nel vasetto, sia del colore sul foglio e sta attento a non mescolarli: una volta notata la bellezza di ogni colore sul foglio, desidera mantenerla.

79

osservare la simmetria

Durante un'attività pittorica possiamo mostrare al bambino il principio della simmetria: ovviamente senza spiegazioni teoriche poiché si tratta soprattutto di una scoperta visiva. Pieghiamo un foglio a metà per evidenziarne la divisione in due parti; poi lo stendiamo invitando il bambino a disegnare da una sola parte della piegatura (lasciandolo disegnare quello che vuole). Quando ha finito, ripieghiamo il foglio, vi premiamo insieme le mani per ricalcare il disegno e poi lo apriamo delicatamente per scoprire il risultato. Ogni volta è una sorpresa! A seconda dell'età può continuare da solo: in questo caso ci limiteremo a piegare in due i fogli. Potrà sperimentare varie forme e osservarne il risultato.

80

ritagliare

Dai 2 anni in poi – talvolta anche prima – i bambini sono attratti dalle forbici. Iniziamo l'apprendimento procedendo per tappe, in modo da suddividere le difficoltà. Inizialmente proponiamo al bambino di esercitarsi ad aprire e a chiudere le forbici senza tagliare nulla, cosa che richiede già una notevole concentrazione. Ci vorranno due paia di forbici, preferibilmente identiche, uno per noi e uno per lui. Posiamo le forbici davanti a noi e davanti al bambino e mostriamogli più volte di seguito come tenerle in mano infilando le dita nei buchi. Quando riuscirà a tenerle, mostriamogli come aprirle e richiuderle. Cercherà di imitarci: all'inizio sarà difficile, ma, con qualche incoraggiamento e un po' di pazienza da parte nostra, ci riuscirà.

Una volta superata questa tappa, prepariamogli un vassoio con un vasetto pieno di strisciolline di carta e una ciotola per raccogliere i ritagli. La strisciolina permette al bambino di dividerla con un solo taglio, il che è più facile. All'inizio possiamo aiutarlo tenendo noi stessi la carta e posizionandola a favore delle forbici. Può darsi che alla prima non ci riesca, ma non perdiamo la pazienza: ben presto vorrà tenere la carta da solo ed esercitarsi senza aiuti di sorta.

Quando riesce a tagliare le strisce, possiamo tracciarci delle righe per insegnargli a tagliare un tratto tutto di seguito: un passo in avanti che richiede maggior precisione e abilità.

81

il vassoio del collage

Quando il bambino diventa bravo a tagliare, proponiamogli di adoperare la colla. Potrà mettere i ritagli di carta in un vassoio per poi usarli nei collage. Con pezzi di carta di vario tipo possiamo anche ritagliargli qualcosa di grazioso: animali, oggetti o forme geometriche con cui creare quadretti di carta incollata. Si divertirà a scoprire che cosa gli abbiamo messo sul vassoio del collage. Contenuto del vassoio: un po' di colla liquida in un vasetto chiuso ermeticamente, un pennellino, un supporto per appoggiarlo e i pezzi di carta da incollare.

Il collage esercita la motricità fine e stimola la creatività a patto, beninteso, che non ci siano interventi da parte nostra.

82

prime attività per avviare al cucito

Le carte da allacciare, facilmente reperibili in commercio, sono un'attività piuttosto complessa di motricità fine, ma anche una preparazione al cucito. Possiamo fabbricarle con del cartone ritagliando delle forme e perforandole lungo i bordi. Prendiamo un cordoncino e rivestiamone un capo con del nastro adesivo perché entri più facilmente nei buchi. Poi mostriamo con calma al bambino come procedere: infilare il cordone in un buco, voltare la forma, tirarlo, infilarlo nel buco accanto, voltare di nuovo la forma, tirare... All'inizio il bambino dimenticherà di voltare la forma o infilerà il cordone a casaccio: ma l'attività gli piace e, a poco a poco, sarà capace di maggiore precisione e osservazione e i punti diventeranno sempre più regolari.

83

modellare

La creta è un meraviglioso strumento per esprimere la creatività. Come per il disegno, non dobbiamo dirigere il lavoro del bambino: lasciamogli fare quello che vuole accertandoci solo che abbia a disposizione gli strumenti giusti e che sappia usarli.

Il piccolo che scopre la terra si divertirà a impastarla, a farci dei buchi, oppure a lisciarla, spianarla con un mattarello, ritagliarla con delle formine, piantarci dei bastoncini... E a poco a poco creerà degli oggetti a tre dimensioni.

Modellare è un vero piacere per le mani del bambino. Possiamo variare le materie proponendogli del Das o della pasta di sale (ricetta che potrà fare da solo).

La motricità globale

Dalla nascita ai 3 anni il bambino costruisce il movimento coordinato e volontario e acquisisce una delle principali caratteristiche dell'essere umano: la posizione verticale. Quando è ben stabile sulle gambe, ha bisogno di attività che facciano lavorare tutti i suoi muscoli.

*Le idee più astratte, come quelle dello spazio
e del tempo, sono concepite attraverso il movimento.
Questo è dunque il fattore che lega lo spirito al mondo.*

Maria Montessori, *Il segreto dell'infanzia*

84

trasportare oggetti pesanti

Una volta divenuto capace di camminare con sicurezza, il bambino entra in quello che Maria Montessori chiama il periodo del « massimo sforzo ». È attratto dalle attività che impegnano tutto il corpo: gli piace trasportare cose pesanti, come le bottiglie d'acqua. Possiamo preparargli delle borse piene di sabbia che si divertirà a sollevare e a trasportare da un posto all'altro.
È anche il momento di dargli un cestino, una borsa, un secchio dove mettere tutte le cose da trasportare. Possiamo inoltre preparare una specie di puleggia con un sacchetto di sabbia attaccato a una corda da una parte, e a un anello dall'altra: il tutto appeso a una trave in modo che, tirando sull'anello, possa sollevare la sabbia.

85

trasportare mobili

Se non mostriamo al bambino come spostare una seggiola, tenderà a spingerla. Spieghiamogli che così si fa rumore e si rischia di rigare il pavimento. Per trasportare una sedia solleviamola con una mano sullo schienale e l'altra sotto la seduta. Eseguiamo la dimostrazione con movimenti lenti e senza far rumore. Anche nel posarla cerchiamo di non produrre il minimo suono. Questo piccolo esercizio soddisferà il bisogno del bambino di trasportare oggetti pesanti e di spostarli nello spazio, favorendone la coordinazione, la concentrazione e l'autonomia. Inoltre lo inviterà a portare gli oggetti con cura e in silenzio: se fa rumore o sbatte le gambe della sedia contro la parete o contro un mobile, capirà che deve stare più attento.

86

trasportare un vassoio

Molte attività saranno presentate al bambino su un vassoio. Perché sia autonomo dobbiamo insegnargli a trasportarlo. La prima volta facciamoglielo fare con un vassoio vuoto: lo posiamo sul tavolo, lo prendiamo per i manici, lo solleviamo con cura tenendolo ben dritto e camminiamo per la stanza prima di tornare a posarlo. Il tutto con gesti attenti e delicati. Poi il bambino potrà esercitarsi trasportandovi un piccolo oggetto. L'errore apparirà subito chiaro: se inclina il vassoio, l'oggetto scivolerà o cadrà. Quando si sarà impadronito di questa fase potrà provare con qualcosa di più fragile, per esempio con una brocchetta. Ben presto potremo mostrargli fiducia e dargli un vassoietto per portare lo spuntino sul suo tavolo.

87

arrampicarsi

Un bambino piccolo ha bisogno di arrampicarsi,
salire le scale, camminare a lungo...
Deve sentire il suo corpo e i suoi muscoli
e vuole mettere alla prova la propria forza
e il proprio equilibrio.
In questi momenti dobbiamo resistere
alla tentazione di fornirgli troppo aiuto:
per lui è molto importante misurare le sue capacità
e i suoi limiti nello scalare, saltare, correre...
Lasciato libero di muoversi e sperimentare,
impara anche la perseveranza.
Instauriamo fin dall'inizio un clima
di fiducia e offriamogli lo spazio necessario
ad agire senza fargli correre troppi rischi.

88

un pupazzo di carta

Su un grande foglio di carta tracciamo il contorno del corpo del bambino. Poi, con il suo aiuto, disegniamoci sopra gli occhi, la bocca, i capelli, i vestiti... Il bambino potrà decorare, colorare e far vivere il suo pupazzo.

Questo piccolo gioco piacerà ai bambini di tutte le età, che vi parteciperanno a seconda delle proprie capacità. Si divertiranno a vedersi riprodotti a grandezza naturale e a maneggiare la propria silhouette.

Lo schema corporeo si costruisce progressivamente dalla nascita ai 3 anni e il bambino gradisce tutti i giochi che l'aiutano a prendere coscienza del proprio corpo nell'insieme e nei dettagli.

89

il senso dello spazio

Per aiutare il bambino a orientarsi nello spazio cerchiamo di adoperare regolarmente i termini: « sopra », « sotto », « davanti », « dietro », « accanto »... Queste parole e ciò che designano gli permettono di orientarsi nello spazio e di individuare il posto delle cose. Possiamo giocare con la sua bambola o con il suo peluche preferito chiedendogli di metterlo *sul* tavolo, poi *sotto* il tavolo, *accanto* alla finestra, *davanti* alla porta. Il bambini sono felici di partecipare a questi piccoli giochi.

90
lo schema corporeo

Posare uno specchio all'altezza del bambino permettendogli di vedersi per intero gli consentirà di percepire il suo schema corporeo. L'ideale per lui sarebbe potersi vedere da lontano e osservarsi camminare.

Seduti con lui davanti a uno specchio, aiutiamolo a costruire il proprio schema corporeo chiedendogli: « Mostrami il naso, mostrami la guancia »... Il bambino conosce già le parole, ma la cosa lo diverte molto: a poco a poco sarà indotto a notare particolari meno evidenti e imparerà a indicare le sopracciglia, le narici, le labbra...

91

la danza

I bambini prima osservano i nostri movimenti e i nostri gesti, e successivamente tendono a imitarci. Se ci muoviamo in un modo particolare, svilupperanno le medesime abilità. Quando balliamo insieme a loro osservano con molto interesse i nostri movimenti e cercano di riprodurli. Il ballo richiede un grande controllo della muscolatura perché bisogna cominciare e finire un movimento a ritmo di musica.

I bambini reagiscono sempre con gioia, piacere ed entusiasmo alla danza, che nei momenti difficili può servire a ristabilire la calma e la concentrazione, a instaurare un'atmosfera allegra e positiva o a reindirizzare con dolcezza l'energia del bambino.

La natura

Quando Maria Montessori ci dice
di dare « il mondo » al nostro bambino,
intende anche fargli scoprire le nuvole,
i tramonti, le albe, il vento d'autunno,
il canto degli uccelli, le stelle,
gli insetti, le piante...
l'infinita ricchezza della natura.

Sguinzagliate i bambini; assecondateli: essi corrono fuori
lasciateli correre fuori quando piove, si levano
le scarpe quando trovano pozze d'acqua, e quando
l'erba dei prati è umida di brina, ricorrono ai loro piedini
nudi per calpestarla: riposano pacificamente quando
l'albero li invita ad addormentarsi alla sua ombra.

Maria Montessori, *Il metodo della pedagogia
scientifica applicato all'educazione infantile*

92

vivere con la natura

Non dimentichiamo di passare un certo tempo all'aperto per sensibilizzare il prima possibile i bambini alla natura, alla sua fragilità e al necessario rispetto nei suoi confronti. Le attività che vi si possono condividere sono varie e ricche d'apprendimento e di scoperte sensoriali: piantare semi e vederli germogliare, osservare gli insetti, rastrellare la terra, raccogliere le foglie... Procuriamoci degli attrezzi da giardino per bambini: una piccola carriola, un piccolo annaffiatoio... e assicuriamoci che siano sempre al loro posto e pronti all'uso. Possiamo organizzare attività connesse alle stagioni: d'autunno si raccolgono le foglie; d'inverno si prepara il mangime per gli uccelli; in primavera si semina e d'estate si raccoglie. Il rapporto con la natura è importante per la costruzione del bambino: in tal modo prende coscienza del proprio posto in un insieme più vasto.

93

piantare semi

Piantare dei semi, vederli germogliare e occuparsene porta indirettamente il bambino a capire molte cose sulla natura e sul suo funzionamento.
I semi di girasole sono perfetti perché crescono in fretta con risultati sorprendenti. Per cominciare prepariamo un vasetto, della terra e i semi da far piantare al bambino. Bisognerà ricordarsi di annaffiarli tutti i giorni e ben presto si vedranno spuntare dei piccoli germogli.
A quel punto li trapiantiamo: il bambino riempie un vaso di terra, ci fa dei piccoli buchi, ci mette i germogli e li copre con altra terra.
Poi viene un secondo periodo d'osservazione e annaffiatura.
Possiamo divertirci a paragonare regolarmente l'altezza delle piantine con quella del bambino: in men che non si dica l'avranno superato!

Annaffiamo con regolarità e attendiamo la comparsa dei boccioli. Osservare questi grandi fiori è una festa. Alla fine diventeranno secchi e il bambino potrà raccogliere i semi per ripiantarli.

94

un angolo di giardino

Se ne abbiamo la possibilità, destiniamo al bambino un angolo del giardino, del balcone o del terrazzo. Aiutiamolo a seminarci qualche seme o a trapiantarci dei fiori. Possiamo dargli delle pietre piatte, dei ciottoli e dei bastoni per decorare il suo appezzamento... Aiutiamolo a mostrare cura e perseveranza nell'annaffiarlo con regolarità e a ripulirlo dalle erbacce. Possiamo piantarci insieme delle fragole o dei pomodori ciliegini: sarà orgogliosissimo di vedere in tavola il proprio raccolto.

Ricordiamoci di prendere cura degli attrezzi da giardinaggio: sarà contento di trovarli in ordine e pronti all'uso. I bambini amano l'ordine, ma in questo caso hanno bisogno della nostra compagnia e della nostra indulgenza.

95

il colore del cielo

Per incoraggiare il bambino a guardare ciò che lo circonda e a prendere coscienza dei cambiamenti della natura, la mattina possiamo proporgli di osservare il cielo: ci sono il sole, le nuvole, la pioggia, la nebbia, la neve... Possiamo anche fabbricare delle carte con delle fotografie per illustrare le varie situazioni: osservando il cielo il bambino sceglierà quella che corrisponde al clima della giornata. Poi scegliamo un posto (per esempio il frigorifero o la porta d'ingresso) per attaccarvi le carte.

È una buona occasione per discutere col bambino del tempo e, eventualmente, per parlare dei vestiti adatti per uscire. Osservare che piove lo spingerà a mettersi gli stivali e l'impermeabile.

96

una tavola-osservatorio

Quando siamo all'aperto invitiamo
il bambino a osservare i dettagli della natura,
per i quali nutre curiosità e interesse innati.
Possiamo collezionare insieme piccoli elementi
da portare a casa: del muschio, una piuma,
un sasso, una castagna, il petalo di un fiore...

A casa riuniamo questi piccoli tesori su una
« tavola-osservatorio » addetta a quest'uso:
il bordo di una finestra, una consolle o una mensola.
Possiamo anche aggiungerci un vivaio
nel quale tenere in osservazione per qualche tempo
delle lumache, un insetto, un bulbo di giacinto
o un nocciolo d'avocado nell'acqua...
elementi viventi affidati alle cure del bambino.
Potrà sistemare la tavola a modo suo, inserirvi
delle scenette e modellini di animali...

La tavola seguirà le stagioni e sarà un riflesso
della vita e dei mutamenti della natura.
Un bambino più grandicello potrà usare
una lente d'ingrandimento per osservare da vicino
le nervature di una foglia o la trama di una corteccia.
Potrà anche servirsi del suo piccolo museo naturale
per fare dei disegni d'osservazione.

97

l'importanza delle passeggiate

Secondo Maria Montessori, appena il bambino sa camminare non dobbiamo più portarlo sistematicamente in braccio, cosa che lo mantiene al di sotto delle sue reali capacità, ma accompagnarlo per mano alla scoperta del mondo.
La cosa fondamentale è di rispettare il suo bisogno di camminare. Offriamogli questo dono così semplice: un po' del nostro tempo per passeggiare al suo stesso ritmo, senza pressioni e senza una meta predefinita. Il bambino non vuole « andare in un posto preciso »: l'importante per lui è camminare liberamente, esercitare i muscoli e avere il tempo di osservare.

Per i bambini anche i due passi per andare a imbucare una lettera diventano una passeggiata

fantastica. Amano fermarsi a osservare piccoli particolari e sono felici che li lasciamo toccare, annusare e guardare tutto quello che attira la loro attenzione. Non sempre possiamo permetterci di andare al ritmo del bambino, ma con un po' di buona volontà se ne trova l'occasione. Concediamoci dieci minuti in più per consentirgli di camminare, e lo vedremo rincasare più sereno e disteso.

Perché queste passeggiate riescano gradite dobbiamo accettare di rallentare l'andatura: teniamo presente che il bambino non vive al nostro stesso ritmo. E anche noi potremo apprezzare questi momenti aggiunti alle solite commissioni quotidiane.

98

lavorare all'aperto

Al bambino piace giocare e lavorare all'aperto, per cui possiamo facilmente coinvolgerlo nelle nostre attività: lavare la macchina, rastrellare le foglie, fare giardinaggio... C'è sempre qualche piccola parte del nostro lavoro alla sua portata. Creiamo uno spazio esterno perché possa svolgervi le attività che di solito fa in casa. Non bisogna scindere il lavoro del corpo e quello dello spirito in attività « intellettuali » da svolgere in casa e « fisiche » da fare all'aperto. Corpo e spirito lavorano di pari passo ed è per questo che nelle classi Montessori i bambini sono liberi di muoversi e di sistemarsi come preferiscono. È bene che vi sia continuità tra lo spazio interno e quello esterno: il bambino sarà libero di andare fuori per leggere un libro, disegnare o dedicarsi a un'attività.

99

pittura ad acqua

Ecco un'attività che il bambino potrà fare all'esterno e che probabilmente l'occuperà per un pezzo. Diamogli un pennello abbastanza grande, un vasetto d'acqua e invitiamolo a esplorare la natura e a « dipingere » su tutte le superfici che trova. Non è più limitato dal foglio, ha tutto lo spazio del giardino o del terrazzo. Ciò lo porterà a osservare le materie, la loro trama e quello che succede quando le bagniamo. Se fa caldo, potrà vedere le tracce d'acqua sparire a mano a mano che asciugano. Un'esperienza interessante e che invita all'osservazione.

100

gli animali

Nel corso delle passeggiate possiamo attirare la sua attenzione sulla vita animale: una cinciallegra, un fuco, una ragnatela... Mostriamogli come restare immobile e silenzioso descrivendogli in modo ricco e preciso – eventualmente con l'aiuto di un manuale di scienze naturali – ciò che vediamo. Il suo interesse per la vita circostante ne verrà rafforzato e la curiosità naturale alimentata. Se possibile, accogliete in casa o in giardino un animale domestico e prendetevene cura insieme al bambino. Imparerà a osservare le necessità dell'animale e a trattarlo con bontà e rispetto. Un animale è anche un amico con il quale condividere momenti di complicità e dal quale trarre conforto.

Per i genitori

Libri d'attività con consigli di professionisti per scoprire la pedagogia Montessori in casa.

« Sviluppare lo straordinario potenziale di ogni bambino »

Le guide pratiche

60 attività Montessori per il mio bebè da 0 a 15 mesi

100 attività Montessori dai 18 mesi

100 attività Montessori per scoprire il mondo dai 3 ai 6 anni

I quaderni di attività

Per i bambini

Cofanetti, quaderni di attività per scoprire, manipolare e sperimentare grazie alla pedagogia Montessori.

il mio quaderno Montessori

le mie attività Montessori

« Aiutami a fare da solo »

I cofanetti di attività

i miei numeri
Montessori
1 libretto + 19 carte

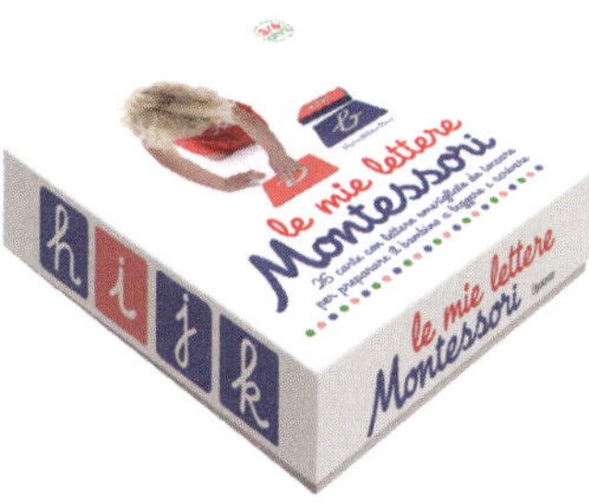

Le mie lettere
Montessori
1 libretto + 26 carte

Le mie immagini
Montessori
1 libretto + 150 carte

Il mio alfabeto mobile
Montessori
1 libretto + 160 lettere

Il mio cofanetto
Montessori degli animali
1 libretto + 57 carte

www.ippocampoedizioni.it

Bibliografia

Di Maria Montessori:

- *Il bambino in famiglia,* Garzanti, Milano, 1957.
- *Come educare il potenziale umano*, Garzanti, Milano, 1970.
- *Dall'infanzia all'adolescenza*, Garzanti, Milano, 1970.
- *Educazione e pace*, Garzanti, Milano, 1949.
- *Educazione per un mondo nuovo*, Garzanti, Milano, 1970.
- *La mente del bambino: la mente assorbente*, Garzanti, Milano, 1952.
- *Il metodo della pedagogia scientifica applicato all'educazione infantile nelle Case dei bambini*, Opera Nazionale Montessori, Roma, 2000.
- *Il segreto dell'infanzia,* Garzanti, Milano, 1970.

Altre opere sulla pedagogia Montessori

- *La favola della vita. Il bambino evolutore*, Augusto Scocchera, Opera Nazionale Montessori, Roma, 2006.

- *Libertà e amore. L'approccio montessoriano per un'educazione secondo natura*, Elena Balsamo, Il Leone Verde, Torino, 2010.

- *Maria Montessori. Una storia per il nostro tempo*, Augusto Scocchera, Opera Nazionale Montessori, Roma, 2005.

- *Montessori e il vostro bambino. Un manuale per i genitori*, Terry Malloy, Opera Nazionale Montessori, Roma, 1999.

Fotografie delle pagine 29 e 191: © Kylie D'Alton – www.howwemontessori.com